LE JUGE ET LE DIALOGUE DES CULTURES JURIDIQUES

Ouvrage publié avec le concours
de l'Agence universitaire de la francophonie.

Visitez notre site
KARTHALA sur Internet : http://www.karthala.com
Paiement sécurisé

ISBN : 978-2-8111-0864-9

SOUS LA DIRECTION DE

Ghislain Otis

Le juge et le dialogue des cultures juridiques

Éditions KARTHALA
22-24, bd Arago
75013 Paris

Remerciements

La publication de cet ouvrage a été rendue possible grâce au soutien financier de l'Agence universitaire de la francophonie (AUF) dans le cadre du projet triennal « Nouvelles figures de l'État de droit : la légitimation du pouvoir par le dialogue des cultures juridiques », dirigé par la Chaire de recherche du Canada sur la diversité juridique et les peuples autochtones de l'université d'Ottawa. Par ailleurs, l'AHJUCAF a financé deux ateliers de travail qui se sont tenus à Beyrouth et à La Haye en 2011, à l'occasion desquels les auteurs ont pu partager les résultats préliminaires de leur recherche et planifier la rédaction de ce volume.

Introduction

Ghislain OTIS

Cet ouvrage est le fruit d'un partenariat de réflexion et de recherche établi entre l'AHJUCAF et des chercheurs universitaires, avec le soutien de l'Agence universitaire de la francophonie.

Compte tenu de la diversité juridique qui caractérise l'espace francophone, il a été jugé impérieux d'amener les acteurs de terrain que sont les magistrats à collaborer avec les chercheurs pour s'interroger sur les enjeux et les exigences de la pluralité juridique dans la quête d'une gouvernance démocratique et pluraliste. Cette synergie entre l'approche universitaire aguerrie aux complexités de la pluralité juridique et l'approche opérationnelle des juges s'impose afin d'enrichir la réflexion et de favoriser la rénovation des actions sur le terrain.

Le constat empirique de la pluralité des cultures juridiques, notamment dans les pays de peuplement ethnoculturel composite du Nord et du Sud, pose donc fondamentalement la question de la relation que les juridicités doivent nouer entre elles et avec l'État, et aussi celle des procédures de mise en relation de ces juridicités, en vue d'une gouvernance plus légitime et porteuse de progrès social. Les travaux scientifiques existants évoquent des solutions fondées sur de nouveaux modèles relationnels moins hiérarchiques, qui passent par une logique de dialogue, c'est-à-dire par la rencontre consensuelle des cultures juridiques.

Les tribunaux sont des acteurs étatiques qui sont souvent placés au carrefour des espaces normatifs présents sur un territoire, de sorte que le tribunal a vocation à devenir le théâtre des interactions et des conflits entre les légitimités culturelles et juridiques. Au temps de la colonisation, les tribunaux de l'État ont parfois été des instruments d'acculturation juridique des peuples non occidentaux, phénomène qui a rencontré une résistance certaine mais qui s'est néanmoins largement prolongé dans le contexte postcolonial et qui a pu nuire à l'État de droit. Aujourd'hui encore, on invite le juge à hiérarchiser, à harmoniser ou à occulter les ordres normatifs dans des situations de concurrence de légitimité culturelle, politique et juridique, souvent porteuses d'insécurité juridique et d'instabilité.

Cet ouvrage dresse un bilan critique de la contribution du juge au rapprochement et au dialogue des cultures juridiques dans différentes régions de la francophonie. Les études qui y sont rassemblées ont été réalisées par des universitaires, des spécialistes de la gouvernance et des magistrats.

Au fil des chapitres, le lecteur découvrira l'importance de la diversité juridique pour la Francophonie institutionnelle et comment se manifeste et s'organise (ou non) aujourd'hui la pluralité juridique dans les États étudiés. Il sera à même de mieux comprendre la relation entre l'éclosion ou le développement du plurijuridisme et la structure juridictionnelle. Il en saura plus sur la place ou le rôle du juge dans la détermination et l'application des règles qui régissent les rapports entre les ordres ou cultures juridiques, mais aussi sur les obstacles qui rendent difficile l'accès du juge aux cultures juridiques exo-étatiques.

Au final, le juge est-il un agent de valorisation ou de dissolution de la diversité juridique en francophonie ? Par quels voies et moyens le juge peut-il devenir un protecteur plus efficace et volontaire de la diversité juridique, tout en honorant la primauté des droits fondamentaux de l'individu ?

Cet ouvrage apporte une contribution importante à l'étude des pratiques de gestion judiciaire de la pluralité juridique. Il dégage des perspectives d'évolution de ces pratiques dans le sens d'une conciliation de la diversité juridique avec l'État de droit et le respect des droits fondamentaux.

1

La diversité juridique, une valeur de la Francophonie

Patricia HERDT

Les réflexions partagées dans cet ouvrage ont à cœur de valoriser l'office du juge et de sonder l'étendue de sa contribution au dialogue des cultures juridiques. Dans ce débat, il a paru utile de réserver une place à un questionnement plus global, qui interroge la diversité juridique comme valeur de la Francophonie.

Le préambule de la Charte de la Francophonie consacre la notion de diversité sous un angle politique et culturel, précisant que

> « la Francophonie doit tenir compte des mutations historiques et des grandes évolutions politiques, économiques, technologiques et culturelles qui marquent le XXIe siècle pour affirmer sa présence et son utilité dans un monde respectueux de la diversité culturelle et linguistique, dans lequel la langue française et les valeurs universelles se développent et contribuent à une action multilatérale originale et à la formation d'une communauté internationale solidaire ».

La présente contribution revient sur l'argumentaire développé par la Francophonie en faveur de la diversité, puis sur l'observation de défis propres aux secteurs du droit et de la justice. Elle appréhende les enjeux de la promotion de la diversité des cultures juridiques, d'abord dans sa dimension « interétatique » (défis afférents à l'influence de certains systèmes sur la scène mondiale), sans éluder toutefois le niveau « intra-étatique » (enjeux de l'expression de la pluralité des sources du droit sur le plan interne).

Dans ce sens, elle envisage quelques points de rencontre entre l'action de promotion de la diversité des expressions juridiques conduite par l'Organisation internationale de la Francophonie (OIF), d'une part, et l'expérience relatée par les magistrats francophones, d'autre part.

L'argumentaire développé en faveur de la diversité, valeur du mouvement francophone

La promotion de la diversité, et particulièrement de la diversité culturelle, est l'objet d'engagements récurrents des États et gouvernements francophones.

Cette consécration s'articule avec la reconnaissance de l'unité de la communauté francophone. La promotion de la diversité est en effet envisagée dans le respect des valeurs universelles et d'une langue commune, fondant le mouvement francophone. La diversité, facteur d'enrichissement, porteuse d'une meilleure compréhension mutuelle, de dialogue et donc de paix, est plus qu'un constat. Elle est une valeur, promue comme telle, dans le cadre d'une action politique qui refuse l'uniformisation culturelle et ses différents corollaires.

En 1993, le Sommet de la Francophonie de Maurice adoptait une résolution sur l'unité dans la diversité, où les pays francophones décidaient de prendre toutes mesures de nature à faciliter la pleine participation à tous les aspects de la vie politique des personnes appartenant à des minorités nationales. En écho, la Déclaration du Sommet de Cotonou sur la culture (2001) consacrait la promotion des cultures des pays francophones sur un pied d'égalité.

Le Cadre stratégique décennal de la Francophonie (27 novembre 2004), définissant des objectifs à long terme, pose, parmi les principes fondamentaux de la Francophonie, le respect de la diversité culturelle et linguistique, qui contribue au dialogue des cultures, lui-même facteur de paix. Il évoque le risque d'uniformisation des modes de vie et d'expression ainsi que de comportement, et souligne que la mondialisation, qui rapproche et rassemble, tend à gommer les identités.

Dans la Déclaration de Montreux, adoptée à l'issue du XIIIe Sommet de la Francophonie (octobre 2010), les États et gouvernements francophones ont réitéré leur volonté de promouvoir la diversité culturelle et le multilinguisme. Se prononçant sur les défis de la diversité et de l'innovation, ils ont déclaré que « la diversité propre à la Francophonie constitue un atout à valoriser en mettant en réseau les acteurs de l'innovation ».

Pour mettre en œuvre ces engagements, la programmation francophone introduit un large éventail d'actions de coopération, complété par le plaidoyer en faveur de l'adoption et de la ratification d'un instrument international dédié, la Convention sur la protection et la promotion de la diversité des expressions culturelles, adoptée à Paris en octobre 2005, qui érige la diversité culturelle en patrimoine commun de l'humanité.

Les défis observés dans les secteurs du droit et de la justice

Dans les domaines du droit et de la justice, l'observation réalisée sur les scènes internationale et nationales met en lumière diverses évolutions qui ont un impact direct sur les enjeux précédemment évoqués.

Le mouvement d'internationalisation du droit offre un premier niveau d'analyse. Il renvoie aux interactions entre les droits nationaux et le droit international, à leurs effets sur le travail du juge national mais également au devenir des différents systèmes juridiques dans des contextes de forte intégration et/ou harmonisation du droit.

La garantie de l'universalité des droits face à l'argument culturel et au mouvement du relativisme constitue parallèlement un axe fort pour la Francophonie, qui participe pleinement de la défense de l'universalité et de l'indivisibilité des droits fondamentaux. À titre d'illustration, l'OIF accompagne plusieurs de ses États membres dans le cadre de la mise en œuvre de l'Examen périodique universel du Conseil des droits de l'Homme, qui a pour objectif de promouvoir « l'universalité, l'interdépendance, l'indivisibilité et l'indissociabilité de tous les droits de l'Homme[1] ». Second exemple, l'investissement de la Francophonie en faveur de la promotion des droits culturels, qui consacre avec force ces droits fondamentaux tout en établissant que les particularismes culturels ne sont recevables que dans la mesure où ils ne portent pas atteinte à l'égale dignité et à l'égalité en droits de tous les êtres humains. Au regard de ces défis, l'impact du droit international des droits de l'Homme sur la jurisprudence nationale constitue sans doute un exemple des plus significatifs de dialogue utile des cultures juridiques.

Les valeurs universelles ne peuvent donc souffrir aucune dérogation. Elles sont appelées à nourrir le dialogue, notamment des juges, en offrant des éléments de conciliation. Le juge, en ce qu'il est un acteur essentiel de l'adhésion aux valeurs démocratiques et de la mise en œuvre des droits fondamentaux universels, se présente comme un partenaire stratégique dans la réalisation de ces principes.

L'option en faveur d'une consolidation démocratique respectueuse des contextes et des environnements nationaux apporte ensuite des éléments d'appréciation convergents. Dans la Déclaration de Bamako du 3 novembre 2000, la Communauté

1. Résolution 5/1 du Conseil des droits de l'Homme.

francophone reconnaît qu'il n'y a pas de mode d'organisation unique de la démocratie et que, dans le respect des principes universels, les formes d'expression de la démocratie doivent s'inscrire dans les réalités et spécificités historiques, culturelles et sociales de chaque peuple. Elle compte un ensemble original d'engagements en faveur de l'intériorisation de la culture démocratique, condition du plein respect des droits de l'Homme. Le dépassement de la définition binaire droit de la *common law*/ droit romano-germanique, pour une prise en considération de la pluralité des droits, soulignant la place du droit coutumier, se présente alors, et sous réserve de respecter les valeurs universelles, comme un instrument d'ancrage de la démocratie et de l'État de droit au plan interne.

La diversité juridique, une valeur qui sous-tend l'action francophone

L'argumentaire bâti en faveur de la diversité culturelle fait bien l'objet d'une transposition dans les secteurs du droit et de la justice. Fruit d'évolutions historiques et élément du patrimoine culturel, le droit réceptionne le mouvement de promotion de la diversité culturelle.

Le cycle des conférences des ministres francophones de la Justice participe de cette démonstration. L'engagement de la Francophonie dans le domaine de la diversité juridique a été largement conforté à la faveur de plusieurs rencontres phares. Lors de leur IVe Conférence, les ministres francophones de la Justice, réunis à Paris en février 2008, ont dit leur volonté d'appuyer la promotion de la diversité des systèmes et des cultures juridiques dans le contexte de la mondialisation.

Dans la Résolution sur la Déclaration de Bamako, dix ans après son adoption (Montreux, octobre 2010), les États et gouvernements francophones ont par ailleurs demandé au Secrétaire général de la Francophonie

> « d'encourager le partage d'expériences entre les institutions des pays francophones sur le renforcement de l'État de droit ; d'intensifier la mobilisation de l'expertise francophone pour mieux faire valoir le patrimoine juridique commun dans l'élaboration d'un droit harmonisé au niveau international, tout en tenant compte du pluralisme des systèmes juridiques ».

La Francophonie a clairement dit sa préoccupation de s'inscrire dans la complémentarité des interventions des autres organisations internationales et régionales présentes dans le domaine de la justice et de renforcer l'originalité de ses initiatives. Il s'agit alors, dans le débat sur l'efficacité et la comparaison des systèmes juridiques, de mettre en valeur l'expertise juridique francophone et son utilité pour répondre aux défis de la globalisation, ainsi que d'aider à l'expression francophone dans les enceintes internationales.

L'OIF développe pour ce faire un projet spécifique dédié à la promotion du dialogue des cultures juridiques, qui s'appuie sur la mobilisation de l'expertise et des réseaux francophones, et notamment du réseau francophone des cours suprêmes judiciaires. Pour la Francophonie, la systématisation des échanges d'expériences, la formation et la concertation s'inscrivent dans le cadre de l'action de consolidation de l'État de droit et de promotion des droits de l'Homme. Les réseaux institutionnels de la Francophonie offrent à cet égard un champ d'analyse privilégié de la diversité juridique, en fédérant nombre de cultures juridiques et de praticiens du droit. Constitués dans les secteurs de la justice, des droits de l'Homme, de la régulation et de la médiation, ces réseaux associent les institutions et praticiens de mêmes compétences des pays francophones, du Nord comme du Sud. Expression d'une solidarité qui se nourrit du partage de savoir-faire, ils sont un témoignage évident de la contribution du dialogue des cultures juridiques au renforcement des capacités nationales.

Dans son intervention en faveur de la justice et dans le cas de mises à disposition d'expertises, la Francophonie ne défend pas un modèle juridique unique. Elle promeut d'abord la circulation de l'information juridique entre les pays francophones et le partage des expériences, tout en rappelant les principes et engagements en faveur de l'indépendance et de l'efficacité de la justice.

En publiant à la fin de 2011 un document de plaidoyer sur le thème « promouvoir la diversité des cultures juridiques[2] », l'OIF rappelle en premier lieu la diversité juridique vécue au quotidien par les citoyens de l'espace francophone. Le document souligne la variété des situations observées au sein de cet espace, qui conduit à en faire un lieu de représentativité de la diversité des cultures et des systèmes juridiques. Le document présente ensuite la démarche politique de la Francophonie, qui repose sur deux piliers : les liens établis entre cultures juridiques et langue d'une part, la relation entre diversité des cultures juridiques, démocratie et développement d'autre part. Il est accompagné d'une stratégie, soutenue par différentes propositions d'action en faveur de la valorisation de l'expertise francophone dans les enceintes et les juridictions internationales, de la mobilisation des réseaux institutionnels et des partenaires francophones, du soutien aux processus d'harmonisations régionales et/ou sectorielles du droit, et de la diffusion du droit dans l'espace francophone.

Laboratoire de la diversité, la Francophonie renforce sa présence sur les enjeux inhérents à cette valeur. Sous l'angle de la gouvernance mondiale, elle s'engage également en faveur d'une plus grande démocratisation des relations internationales, rappelant le principe fondamental du poids égal de chaque État souverain. La diversité, valeur de la Francophonie, porte en elle le strict respect de l'égalité.

---

2. Délégation à la paix, à la démocratie et aux droits de l'Homme, *Promouvoir la diversité des cultures juridiques*, Paris, Organisation internationale de la Francophonie, novembre 2011.

2

Le monisme juridique en Roumanie

Simona CRISTEA

Afin de mieux cerner le rôle du juge face à la diversité juridique dans les pays de l'Est, il faut rappeler le contexte politique, économique et juridique de ces pays.

La chute du communisme dans les pays de l'Est a été marquée par un processus de transition qui a visé toutes les institutions de l'État, et bien sûr le système juridique. En 1989, ces pays sont entrés dans une période de construction de l'État de droit et de l'économie de marché. Cela s'est traduit par une évolution considérable des institutions politiques et des structures économiques et sociales. Cette phase s'est également accompagnée d'une refonte du système juridique dans la mesure où celui-ci devait d'une part, pour respecter les exigences de l'État de droit, mettre en œuvre certains principes fondamentaux tirés de l'observation des modèles occidentaux et, d'autre part, se moderniser pour accompagner la relance et la réorganisation du service public de la justice, vu que la justice est inhérente à la société, l'un des trois pouvoirs classiques et « la première vertu des institutions sociales[1] ».

Cette restructuration du système de droit a passé en premier lieu par une réorganisation du système judiciaire qui, conçu dans l'optique d'un régime socialiste, s'est révélé inadapté aux nouvelles exigences. Concrètement, les pays de l'Est ont dû composer avec deux problèmes majeurs : l'abandon de la législation communiste et soviétique, et l'adaptation au modèle occidental et aux besoins de chaque pays. Malgré les progrès réalisés, il existe encore des décalages. Ainsi, la codification n'est pas encore très développée. Par exemple, en Roumanie, il manque des codes dans des domaines importants comme l'administration publique et la procédure administrative. En outre, l'organisation judiciaire est pensée différemment. En Roumanie, il n'y a pas de tribunaux administratifs mais seulement des chambres administratives spécialisées dans le cadre des tribunaux judiciaires. Il convient d'ailleurs de considérer plus particulièrement le cas de ce pays.

La transition en Roumanie

Après la chute du communisme, la Roumanie a tout d'abord connu une transition institutionnelle :

> « Lorsqu'un système politique entre dans un cycle de changements, *le sommet de l'iceberg* est toujours représenté par la structure institutionnelle : c'est elle la première qui se décompose (partiellement ou entièrement) et qui se recompose à partir de certaines règles et valeurs politiques et sociales nouvelles. Porteuse de mécanismes, de symboles et mentalités du système, la structure institutionnelle constitue la cible principale des mouvements réformistes ou révolutionnaires. [...] La révolution

1. John Rawls, *Théorie de la justice*, Paris, Seuil, 1997, p. 29-30.

de 1989 a changé essentiellement la structure institutionnelle du pouvoir politique. Elle a mené à la disparition de quelques-uns des acteurs politiques et à l'apparition d'autres, nouveaux[2]. »

Cette transition institutionnelle s'est caractérisée par trois étapes : l'étape initiale des institutions provisoires (le Parlement était représenté par le Conseil provisoire de l'union nationale)[3] ; dans un deuxième temps, des institutions sont issues de l'élection du 20 mai 1990 qui a élu un Parlement bicaméral qui a joué le rôle de Constituante ; enfin s'est mis en place l'État constitutionnel pluraliste (après l'approbation de la Constitution par référendum)[4].

Cette période de transition s'est traduite par beaucoup de transformations sur le plan économique, parce que la Roumanie devait construire une économie de marché et s'adapter à un marché concurrentiel en prévision de son entrée dans l'espace économique européen, puis dans l'Union européenne[5]. Bien que

---

2. Cristian Bocancea, *La Roumanie du communisme au post-communisme*, Paris, L'Harmattan, 1998, p. 109. Pour une analyse de la période post-communiste, voir François Bafoil, *Après le communisme. Faillite du système soviétique, invention d'un modèle économique et social en Europe de l'Est*, Paris, Armand Colin, 2002 ; Ioan Muraru et Elena Simina Tănăsescu, « Quelques considérations sur la constitutionnalisation du droit roumain », in Jean-Claude Colliard et Yves Jégouzo (dir.), *Le nouveau constitutionnalisme. Mélanges en l'honneur de Gérard Conac*, Paris, Economica, 2001, p. 408 ; Slobodan Milacic, « Les ambiguïtés du constitutionnalisme post-communiste », in Jean-Claude Colliard et Yves Jégouzo (dir.), *Le nouveau constitutionnalisme...*, *op. cit.*, p. 344 ; Olga Shvetsova, « Institutions and coalition building in post-communist transitions », in Andrew Reynolds (éd.), *The architecture of democracy. Constitutional design, conflict management and democracy*, Oxford, Oxford University Press, 2002, p. 55.
3. Elle a duré de la fin de décembre 1989 jusqu'aux élections du 20 mai 1990.
4. Cristian Bocancea, *op. cit.*, p. 109-110.
5. Tudor Alexandre Glatz, *L'adaptation du droit roumain aux exigences communautaires*, thèse, Paris II Panthéon-Assas, 2001, p. 56 ; Pamina Koenig-Soubeyran, *Élargissement de l'Union européenne et développement régional : le cas de la Roumanie*, mémoire, Paris I, 2001, p. 34 ; Assemblée de l'Atlantique Nord, *Rapport 1993 : Les relations commerciales entre la Communauté européenne et les États-Unis, le*

ce processus de réforme se soit amorcé de manière importante, la situation économique est devenue extrêmement difficile[6].

Ce programme de réforme économique demandait aussi une réforme du système de l'administration publique et du système judiciaire. Ainsi, la modernisation de l'économie dépend de la capacité de remédier à trois problèmes majeurs :

> « un changement des mentalités grâce à une formation orientée vers l'initiative et la responsabilité ; une réforme du système politico-administratif pour mettre fin à l'opacité et à l'instabilité juridiques ; un développement des infrastructures actuellement insuffisantes ou obsolètes[7] ».

La réforme du système politico-administratif et juridique a exigé l'adoption de nouveaux textes pour transposer l'acquis communautaire et la révision de la codification de la législation civile, commerciale, pénale et du droit du travail. Malheureusement, la dernière décennie a été marquée par une inflation de textes, par l'utilisation excessive par le gouvernement des ordonnances d'urgence sans qu'en soient toujours analysées les conséquences. Ainsi,

> « cette surréglementation a non seulement créé un imbroglio juridique et un risque de corruption et de partialité parfaitement dissuasif pour les investisseurs, mais elle a surtout abouti à un blocage du pays[8] ».

---

défi de l'avenir. Le processus de réforme économique en Russie, Roumanie et Lettonie, des économies à la croisée des chemins, Bruxelles, 1993, p. 24.

6. Assemblée nationale, *Rapport d'information sur le processus d'adhésion à l'Union européenne de la Hongrie, la République tchèque, la Lettonie, la Roumanie, la Pologne, la Slovaquie et l'Estonie*, Paris, Les documents d'information de l'Assemblée nationale, n° 2863, 2001, p. 58.
7. *Ibidem*, p. 71-72.
8. *Ibidem*, p. 73.

La transition de la Roumanie ne peut pas être dissociée du contexte général de la transition des pays de l'Europe de l'Est, préoccupés de redéfinir la relation public-privé, de changer le rôle de l'État, de reconstruire le cadre juridique et d'utiliser les solutions étrangères.

La réforme de l'État ne s'est pas révélée facile compte tenu du discrédit qui a touché les institutions publiques, et surtout des institutions judiciaires, après la chute des régimes communistes. L'État, dans la période de transition, a été souvent considéré comme « une force de coercition, relais d'intérêts étrangers et source d'un pouvoir rentier », parce que

> « le pouvoir étatique a été amené à jouer un rôle disproportionné et à se substituer souvent à des forces sociales faibles et hésitantes. Il a été à la fois fort, absorbant et distribuant une partie considérable de richesses nationales, et trop faible, prenant appui sur des ensembles d'acteurs aux contours mal définis[9] ».

En somme, la transition des pays de l'Est est une courbe marquée par un point de départ et un point d'arrivée. Le point de départ est constitué par ce qui représentait l'ancien modèle du système judiciaire, la forte intégration de l'ensemble de l'appareil administratif dans le pouvoir politique, l'entière domination des autorités politiques sur des autorités administratives soumises au pouvoir politique plus qu'à l'État et à la légalité républicaine.

À partir de ce point de départ, les pays de l'Est connaissent une difficile période de cheminement vers les valeurs de l'État de droit (qui sont le point d'arrivée), vers un intérêt public qui ne se confonde pas avec l'intérêt politique des gouvernants, vers le passage d'une économie planifiée à une économie de marché, vers également une certaine décentralisation de l'administration publique et une refondation du système judiciaire.

---

9. Yorgos Rizopoulos, « Quelle est la spécificité des transitions balkaniques ? », *Revue d'études comparatives Est-Ouest*, vol. 30, n° 4, 1999, p. 7.

Ce qui est important pour les pays de l'Est, c'est qu'ils appartiennent à la grande famille romano-germanique et qu'ils portent sa marque. Mais c'est dans le contexte de cette évolution qu'il faut définir et redéfinir les problèmes de la diversité juridique et le rôle du juge dans le dialogue des cultures juridiques, pour voir où se situent les pays de l'Est, entre le modèle socialiste[10] et le modèle occidental de système juridique.

Par exemple, le système socialiste a conduit, moins dans la théorie peut-être qu'en réalité, *à la limitation des droits de l'homme*, limitation fondée sur des objectifs visant la « liquidation de l'exploitation de l'homme par l'homme[11] ».

10. L'ancien système socialiste reposait à la fois sur la totale soumission du juge et de l'administration au pouvoir politique, sur l'absence de l'autonomie locale, de sorte que l'administration territoriale n'avait pas d'agents propres, indépendants du centre et n'avait aucun pouvoir de décision, se bornant seulement à appliquer des décisions prises par l'administration centrale, sur l'intégration de la fonction publique au système de l'économie planifiée, dépendante du Plan de l'État et donc une organisation ne tenant pas compte de la loi de l'offre et de la demande. Le prix des prestations était fixé par l'État, et n'était pas l'expression du coût du marché. En conséquence, le droit de propriété socialiste, sous ses deux formes, la propriété d'État et la propriété coopératiste, était considéré supérieur au droit de propriété privée. En fait, la propriété privée était une exception.
11. Victor Dan Zlătescu et Irina Moroianu-Zlătescu, « Dreptul românesc în marele sistem romano-germanic » [Le droit roumain dans le grand système romano-germanique], *Dreptul* [Le Droit], n° 9, 1992, p. 3-4 ; Victor Dan Zlătescu, « Le droit de la transition en Roumanie », *Revue internationale de droit comparé*, n° 4, octobre 1995, p. 976 ; Jak Jabes et Staffan Synnerström, « La réforme de l'administration publique dans les pays d'Europe centrale et orientale », *RFAP*, n° 70, avril 1994, p. 271 ; pour comprendre l'ancien modèle socialiste de l'intégration absolue, voir Gérard Timsit, *Théorie de l'administration*, Paris, Economica, 1986, p. 293.

Un seul ordre juridique, un système juridique étatique

Dans les pays de l'Est le système juridique est étatique ; il n'existe ni bi-juridisme, ni pluri ou multijuridisme, comme dans d'autres pays. L'État ne reconnaît pas d'autres institutions non étatiques pour juger les litiges ou pour résoudre en parallèle les conflits sociaux. Cette situation s'explique par la structure de l'État (il s'agit d'un État unitaire) et par le fait que les communautés des minorités nationales et religieuses sont intégrées et font partie des nations des pays de l'Est.

En Roumanie, la loi reconnaît les minorités nationales et religieuses. L'article 6 alinéa 1 de la Constitution roumaine[12] protège « le droit à l'identité » et prévoit que : « L'État reconnaît et garantit aux personnes appartenant aux minorités nationales le droit à la garde, au développement et à l'expression de leur identité ethnique, culturelle, linguistique et religieuse. » L'alinéa 2 ajoute que les mesures de protection prises par l'État pour les minorités nationales doivent être conformes aux principes d'égalité et de non-discrimination par rapport aux autres citoyens roumains.

Il résulte de ces dispositions que les citoyens appartenant à ces minorités ont tous les droits dont jouissent l'ensemble des Roumains ; ils jouissent de tous les droits donnés par la nationalité roumaine. Parmi les minorités reconnues se trouve la minorité ethnique que sont les Roms. Ils invoquent parfois leurs normes ethniques dans certaines matières, par exemple le mariage, mais l'État est toujours intervenu pour assurer l'application du droit étatique. Ainsi, plusieurs litiges ont concerné des « mariages » entre enfants Roms de 9 et 10 ans. L'Autorité nationale pour la protection de la famille et des droits de l'enfant s'est autosaisie chaque fois, ainsi que l'État par le Parquet, et ils ont assigné en justice les parents des enfants. La communauté Rom a invoqué la coutume de mariages des Roms, mais le juge

12. Publiée au « Monitorul Oficial » de la Roumanie, Ire partie, n° 767 du 31 octobre 2003.

a fait application de la loi écrite, considérant de telles coutumes comme hors norme juridique, hors société. De même, la communauté internationale a demandé à l'État roumain de prendre des mesures législatives (si besoin) et judiciaires afin de stopper ce phénomène, jugé rétrograde et contre les bonnes mœurs. Dans ce but, le Parlement européen a envoyé plusieurs fois la baronne Emma Nicholson en mission en Roumanie.

Une autre clé des systèmes juridiques étatiques de la région réside dans les sources du droit. Les pays de l'Est gardent bien les traits de la famille romano-germanique en ce que la coutume n'a pas la même place que la loi écrite. La coutume ne trouve application que si la loi écrite renvoie à elle, et dans certaines matières seulement.

En Roumanie, jusqu'au début du XIXe siècle, la coutume était une source principale de droit. Elle était connue dans l'histoire comme *Jus Valachicum* ou *Jus Valachorum* (le droit des Roumains) ou comme *lex terrae* (la loi du pays ou la loi de la terre). Les premières lois écrites roumaines ont laissé une position importante au droit coutumier[13]. Le Code civil de 1864, qui a pris comme modèle le Code napoléonien de 1804, a abrogé beaucoup des coutumes et des usages. Ainsi, la coutume ne peut être invoquée que dans la limite de la loi, que si la loi la reconnaît comme source de droit en certaines matières. Le Code civil renvoie à de telles coutumes en matière de voisinage, de plantation des arbres et d'usufruit.

Mais si le Code civil reconnaît certaines coutumes, leur simple invocation devant le juge n'est pas suffisante. La coutume doit être prouvée. En ce qui concerne le droit pénal par contre, seule la loi écrite est reconnue, conformément aux principes *nulla poena sine lege* et *nullum crimen sine lege*.

---

13. Le Code Calimach de 1817 et le Code Caragea de 1818 réglementaient le fait que si le code ne contient pas une norme applicable au litige, alors s'applique la loi de la terre (la coutume). Voir en ce sens : Nicolae Popa, Mihail Constantin Eremia et Simona Cristea, *Teoria generală a dreptului* [Théorie générale du droit], Bucarest, All Beck, 2005, p. 170.

L'unicité des institutions judiciaires

De l'unicité de l'ordre juridique étatique découle l'unicité du juge étatique qui est compétent à l'égard de toute matière et pour toute la population, y compris les minorités nationales. Par conséquent, il n'existe pas de diversité juridictionnelle. Le caractère unique et étatique du système judiciaire résulte de la Constitution roumaine. Conformément à l'article 124 intitulé « La réalisation de la justice » de la Constitution roumaine : « (1) La justice se réalise au nom de la loi. (2) La justice est unique, impartiale et égale pour tous. (3) Les juges sont indépendants et ils se soumettent uniquement à la loi. »

À l'article 126 alinéa 5, le constituant édicte

> « [qu']est interdite la fondation des instances extraordinaires. Par la loi organique peuvent être fondées des instances spécialisées en certaines matières, avec la possibilité de participation, selon le cas, des personnes hors la magistrature ».

Le caractère étatique du juge résulte aussi du fait que « la justice se réalise par la Haute Cour de Cassation et de Justice et par d'autres instances judiciaires établies par la loi. La compétence des instances judiciaires et la procédure de jugement sont prévues uniquement par loi » (art. 126 alinéas 1 et 2).

Ces dispositions sont reprises par la Loi n° 304/2004 relative à l'organisation judiciaire[14], dont l'article 1 alinéas 1 et 2 prévoit que :

> « Le pouvoir judiciaire est exercé par la Haute Cour de Cassation et de Justice et par d'autres instances judiciaires établies par la loi. Le Conseil Supérieur de la Magistrature est le garant de l'indépendance de la justice ».

---

14. Publiée au « Monitorul Oficial » de la Roumanie, Ire partie, n° 827 du 13 septembre 2005.

Dans l'article 2 est accentué à nouveau le caractère unique et étatique de la justice : « La justice est faite au nom de la loi, elle est unique, impartiale et égale pour tous. »

En Roumanie, l'autorité judiciaire est réglementée par la Constitution et comprend les tribunaux, le Ministère public et le Conseil supérieur de la magistrature (ci-après le CSM). Les tribunaux judiciaires de droit commun sont organisés hiérarchiquement selon trois degrés : les tribunaux, les tribunaux départementaux et les cours d'appel. Il existe en outre des juridictions spécialisées (en matière de droits de l'enfant) et des juridictions militaires. Enfin, la Haute Cour de cassation et de justice représente le système des hautes juridictions. Elle assure l'interprétation et l'application unitaires de la loi par les autres tribunaux. Les normes de son fonctionnement sont fixées par la loi organique.

Le Ministère public comprend les procureurs, organisés en parquets, dans les conditions de la loi (art. 1 alinéa 3 de la Loi n° 304/2004 relative à l'organisation judiciairc). Le CSM est régi par la Loi n° 317/2004 relative au Conseil supérieur de la magistrature[15], qui consacre son rôle de gardien de l'indépendance des juges, mais aussi de tribunal disciplinaire pour eux.

Et le dialogue des cultures juridiques ?

En ce qui concerne le rôle du juge comme agent de dialogue des cultures juridiques, compte tenu du monisme juridique, dans la pratique, c'est poser la question de la pluralité normative liée à la coutume. Le juge peut appliquer une coutume reconnue par la loi. C'est une forme minimale de pluralisme normatif. Mais le juge peut-il aller plus loin et tenir compte d'une règle établie par une coutume mais qui n'est pas reconnue par la loi écrite (le

15. Publiée au « Monitorul Oficial » de la Roumanie, Ire partie, n° 827 du 13 septembre 2005.

Code civil) ? Dans l'ancien droit, si le juge connaissait la coutume invoquée par la partie, il pouvait l'appliquer ; si l'autre partie la contestait, la coutume devait être prouvée. Dans le droit moderne, dans le droit privé (dans le droit pénal, la coutume est interdite), il faut que la coutume s'applique uniquement par rapport à la loi ; elle doit être « invoquée » par la loi écrite. En outre, il est unanimement admis qu'une coutume ne pourra jamais être reconnue comme règle de droit si elle est contraire à l'ordre public et aux bonnes mœurs. De même, la coutume ne peut abroger une loi écrite (*consuetudo abrogatoria* et *desuetudo*)[16].

Dans le cas d'un conflit concernant les droits fondamentaux, la Roumanie a adopté la solution de la primauté des normes internationales sur le droit interne, solution réglementée par la Constitution :

> « S'il existe des non-concordances entre les pactes et les traités relatifs aux droits fondamentaux de l'homme, auxquels la Roumanie est partie, et les lois internes, ont priorité les réglementations internationales, à l'exception du cas où la Constitution ou les lois internes contiennent des dispositions plus favorables » (art. 20 alinéa 2).

Donc, si une norme interne est contraire aux droits de l'homme, le juge fera application directe de la norme internationale en la matière, en ignorant la norme interne, utilisant la méthode de la prééminence/primauté.

Il n'y a en définitive qu'un espace fort limité de pluralisme normatif, le rôle du juge se limitant à concilier, dans le peu de cas où il peut le faire, la coutume et la loi.

---

16. Nicolae Popa, Mihail Constantin Eremia et Simona Cristea, *op. cit.*, p. 168.

Conclusion

L'étude des traditions juridiques dans les pays de l'Est montre que leurs systèmes respectent les traits de la grande famille romano-germanique. La diversité juridique n'est pas une caractéristique des systèmes nationaux. Par conséquent, le système juridique et le système judiciaire ont un caractère unique et étatique. Le caractère unique et étatique du système juridique et du système judiciaire provient du caractère unitaire de la structure de l'État (tous les pays de l'Est sont des États unitaires). Ce monisme juridique ne place pas vraiment le juge au carrefour de cultures juridiques différenciées qu'il pourrait faire dialoguer au sein de l'ordre étatique.

Les droits de l'homme sont considérés comme un enjeu fondamental, vu les abus relativement récents de l'ancien État totalitaire. Aussi la Roumanie a-t-elle adopté la solution de la primauté du droit international en la matière sur le droit interne.

Les pays de l'Est contribuent néanmoins à la diversité juridique dans le monde francophone. Cette diversité nécessite parfois des efforts d'harmonisation. Mais ces efforts ne doivent pas être compris comme débouchant sur l'uniformisation juridique par l'alignement des systèmes nationaux sur un modèle unique. Le monde juridique ne peut pas être réduit seulement à trois ou quatre systèmes de droit. La diversité juridique dans cet espace suppose donc l'adhésion aux valeurs communes de la francophonie dans le respect de la différence de l'autre.

La différence des systèmes juridiques des pays de l'Est intrigue, peut-être, mais cette différence est naturelle et nécessaire, y compris au sein des familles de droit, parce qu'elle représente un élément des identités nationales et reflète les besoins de chaque pays. De plus, il n'existe pas un système juridique pur, les emprunts sont réciproques et s'adaptent aux réalités de chacun. Ainsi se conjuguent l'harmonisation dans la diversité juridique et l'unité des systèmes de droit. Cette unité résulte de deux facteurs importants : d'une part, l'adhésion aux valeurs juridiques communes et, d'autre part, le français juridique, même si ce dernier pose parfois des problèmes de transposition du droit national de chaque pays membre de la francophonie en langage juridique français, car les institutions juridiques ne recouvrent pas toujours les mêmes réalités.

Bibliographie

ASSEMBLÉE DE L'ATLANTIQUE NORD, *Rapport 1993 : Les relations commerciales entre la Communauté européenne et les États-Unis, le défi de l'avenir. Le processus de réforme économique en Russie, Roumanie et Lettonie, des économies à la croisée des chemins*, Bruxelles, 1993.

ASSEMBLÉE NATIONALE, *Rapport d'information sur le processus d'adhésion à l'Union européenne de la Hongrie, la République tchèque, la Lettonie, la Roumanie, la Pologne, la Slovaquie et l'Estonie*, Paris, Les documents d'information de l'Assemblée nationale, n° 2863, 2001.

BAFOIL François, *Après le communisme. Faillite du système soviétique, invention d'un modèle économique et social en Europe de l'Est*, Paris, Armand Colin, 2002.

BOCANCEA Cristian, *La Roumanie du communisme au post-communisme*, Paris, L'Harmattan, 1998.

GLATZ Tudor Alexandre, *L'adaptation du droit roumain aux exigences communautaires*, thèse, Paris II Panthéon-Assas, 2001.

JABES Jak et SYNNERSTRÖM Staffan, « La réforme de l'administration publique dans les pays d'Europe centrale et orientale », *RFAP*, n° 70, avril 1994.

KOENIG-SOUBEYRAN Pamina, *Élargissement de l'Union européenne et développement régional : le cas de la Roumanie*, mémoire, Paris I, 2001.

MILACIC Slobodan, « Les ambiguïtés du constitutionnalisme post-communiste », in Jean-Claude Colliard et Yves

Jégouzo (dir.), *Le nouveau constitutionnalisme. Mélanges en l'honneur de Gérard Conac*, Paris, Economica, 2001.

MURARU Ioan et TĂNĂSESCU Elena Simina, « Quelques considérations sur la constitutionnalisation du droit roumain », in Jean-Claude Colliard et Yves Jégouzo (dir.), *Le nouveau constitutionnalisme. Mélanges en l'honneur de Gérard Conac*, Paris, Economica, 2001.

POPA Nicolae, EREMIA Mihail Constantin et CRISTEA Simona, *Teoria generală a dreptului* [Théorie générale du droit], Bucarest, All Beck, 2005.

RAWLS John, *Théorie de la justice*, Paris, Seuil, 1997.

RIZOPOULOS Yorgos, « Quelle est la spécificité des transitions balkaniques ? », *Revue d'études comparatives Est-Ouest*, vol. 30, n° 4, 1999.

SHVETSOVA Olga, « Institutions and coalition building in post-communist transitions », in Andrew Reynolds (éd.), *The architecture of democracy. Constitutional design, conflict management and democracy*, Oxford, Oxford University Press, 2002.

TIMSIT Gérard, *Théorie de l'administration*, Paris, Economica, 1986.

ZLĂTESCU Victor Dan, « Le droit de la transition en Roumanie », *Revue internationale de droit comparé*, n° 4, octobre 1995.

ZLĂTESCU Victor Dan et MOROIANU-ZLĂTESCU Irina, « Dreptul românesc în marele sistem romano-germanic » [Le droit roumain dans le grand système romano-germanique], *Dreptul* [Le Droit], n° 9, 1992.

3

Le juge, arbitre de la diversité juridique et des droits fondamentaux dans l'outre-mer français

Jean-Louis GILLET

Consultons Littré : la « diversité » se définit comme « l'état de ce qui est divers », et ce qui est « divers » est « ce qui présente plusieurs faces, plusieurs côtés, plusieurs apparences ». On voit comment le vocable peut s'appliquer à un groupe humain, défini par ce qui peut, sur les plans juridique, sociologique et culturel, le caractériser. La diversité réside alors dans la pluralité des données et des impératifs qui doivent être pris en compte pour que soient comprises, assumées et gérées par le groupe les différences, individuelles ou collectives, entre ses membres.

S'agissant du droit et nonobstant l'existence, toujours, d'une structure étatique instituée et souveraine, il y a diversité dans une foule de domaines, par exemple la source même des lois, l'idée et le rôle de la famille, le rapport à la terre et aux autres biens, la notion de ce qui est interdit, la valeur accordée à l'ordre public, l'intégration ou le refus de la contrainte ou de la violence. Un juge, forcément diseur de droit, se trouvera bien sûr en présence ou en charge de ces formes et degrés de diversité. Mais trois dangers guettent la diversité : son assimilation à un facteur de division au regard de la nécessaire unité du groupe, sa dégénérescence en une discrimination au regard d'une égalité à sauvegarder dans le groupe, enfin sa propension à véhiculer des croyances et pratiques déviantes au regard des principes fondamentaux estimés, par le groupe, essentiels à sa civilisation.

Comment se présente, au regard de ces considérations, la question de la diversité dans l'outre-mer français, témoin actuel d'une évolution historique ayant enchaîné expansion, colonisation et décolonisation ? La diversité a ici *des données*, elle a *des implications*, et elle laisse bien sûr *une place au juge*.

Les données de la diversité

Elles sont de deux ordres : il en est de simplement humaines, il en est aussi de spécifiquement politiques.

Les données humaines

Les données humaines sont à vrai dire tributaires à la fois de la nature et de la culture. Ainsi se dégage d'ailleurs une véritable structure de l'outre-mer « divers », dont des exemples peuvent être fournis, l'actualité aidant, par la Nouvelle-Calédonie et par Mayotte.

Tributaire de la nature est évidemment la donnée tirée de l'éloignement géographique des lieux de diversité au regard de la norme européenne – pour ainsi dire « gauloise » et « jacobine » – dominante. Cette donnée n'est pas entièrement gommée par la propension de certaines populations ultramarines à choisir comme lieu de vie la métropole. Ces populations gardent dans l'ensemble politique en cause un caractère pour le moins « exotique », et courent le risque d'un amalgame, conscient ou non, avec l'« étranger ».

La très forte marginalité numérique des populations susceptibles d'être « diverses » doit également être soulignée. Cette marginalité, liée au faible effectif des groupes considérés, semble les promettre à un statut extrêmement minoritaire dans l'ensemble français, et cela appelle d'une part une méditation sur le statut numérique beaucoup moins inconfortable, à cet égard, de certaines « minorités visibles » immigrées pourtant étrangères, et d'autre part une réflexion sur l'effet de retournement éventuellement produit par la prise sporadique de conscience, chez les intéressés et de façon éventuellement véhémente, de leur situation majoritaire dans les périmètres géographiques réduits dont ils sont originaires.

Les données culturelles sont, dans l'ensemble, faciles à mentionner bien que complexes dans leur contenu même. Elles se rattachent pour l'essentiel – l'exemple de Mayotte le démontre – à la religion, et singulièrement à la place de l'islam en présence d'une dominante « métropolitaine » chrétienne. La diversité est ici double : d'une part l'islam emporte un dispositif de normalité et d'obédience allant largement au-delà du sacré et débordant volontiers sur le comportemental et le quotidien, d'autre part il s'étale, pour qui y adhère, en une croyance et en une véritable pratique dont la profondeur et la continuité affirmées contrastent fortement avec l'aspect para-sociologique, voire détaché ou sceptique, dont s'accommode le cas échéant l'adhésion chrétienne, qui trouve facilement – si elle la cherche – sa motivation dans la tradition ou dans la culture. En un mot il entretient fatalement, avec la laïcité professée par la République française, des tensions réelles ou virtuelles infiniment supérieures à celles naguère surmontées au regard des églises.

D'autres représentations du sacré interfèrent le cas échéant avec la tendance plutôt matérialiste dominante, tels le charisme des structures coutumières ou la piété vouée aux ancêtres. On est tenté d'évoquer ici, mais avec une prudence dictée par l'évolution, l'exemple de la Nouvelle-Calédonie.

Il faut enfin compter au nombre des données à recenser celles tenant au degré de développement économique et au niveau d'éducation, composantes dont la résultante culturelle est évidente, puisqu'elle inclut ou non une ouverture d'esprit, surmontant chez les uns les possibles réflexes centralisateurs ou « jacobins » et chez les autres, à l'inverse, les possibles tentations communautaristes.

Les données politiques

Il est indispensable d'évoquer ici le passé et le futur, autrement dit l'histoire et les perspectives d'avenir.

L'histoire livre une donnée simple et prégnante : la diversité est pour la France le fruit de la colonisation. Un « divers » est toujours un ancien colonisé, et s'il s'intègre au cadre institutionnel et étatique français pour que soit prise en compte sa diversité, c'est parce que pour lui la « décolonisation » communément entendue – c'est-à-dire la sortie du cadre français – n'a pas eu lieu. Cette donnée est générale, elle joue de façon sereine ou de façon conflictuelle ou enfiévrée selon les périodes de calme ou de crise, elle est manifeste ou sous-jacente, elle est parfois soulignée et parfois oubliée par le discours politique. Elle est occultée ou non par les évolutions politiques ou administratives pouvant tendre soit à l'intégration soit à l'éloignement au regard de la métropole. Sont, bien sûr, présents à l'esprit les exemples symétriques de Mayotte et de la Nouvelle-Calédonie.

Viennent alors, précisément, les perspectives d'avenir. Elles concernent les plus ou moins grandes chances d'évolution des valeurs guidant les populations et des espérances qu'elles peuvent ou non susciter. La vision « coloniale » effacée, une autre doit lui succéder, avec une croyance dans l'intégration ou une croyance dans l'émancipation, un dépassement ou non des complexes auxquels sont confrontés les ex-colonisateurs comme les ex-colonisés. Exemples symétriques encore, de Mayotte, maintenant département au sens plein, et de la Nouvelle-Calédonie, collectivité territoriale pour l'heure « *sui generis* », au destin en gestation.

Ces perspectives débouchent sur un aperçu possible de l'avenir, notamment sur le terrain de la compatibilité ou non des modèles « divers » de comportement avec les droits fondamentaux auxquels adhère expressément, ce qui est de sa responsabilité et de ses prérogatives, la pensée dominante française, habitée de façon légitime par le modèle européen et occidental. Ce sera par exemple le lancinant problème de la polygamie à Mayotte.

Les implications de la diversité

Il s'agit ici de répondre à deux questions : comment l'autre, le « divers », est-il perçu et comment sa vie est-elle organisée par le droit ou la pratique ? C'est dire que les implications de la diversité s'étendent – ou doivent s'étendre – aux perceptions et aux institutions.

S'agissant des perceptions, les questions centrales sont d'une part de savoir s'il existe ou non des antagonismes, des sources de conflit, et d'autre part de savoir selon quelle distinction de matières les différences se manifestent, ces différences constituant évidemment des exceptions ou des dérogations à une « uniformité » forcément liée à l'existence même de l'entité au sein de laquelle émerge une diversité.

En ce qui concerne les antagonismes, force est de constater une extrême différence dans les situations les plus en vue. Ces situations se caractérisent par des degrés de confiance ou de méfiance réciproques, des images péjoratives ou au contraire positives, des hostilités ou des amitiés opposant ou transcendant les ethnies, des attitudes éventuelles de recul ou au contraire de sympathie ou de curiosité empathique allant évidemment au-delà du simple intérêt anthropologique. Qui s'intéresse à ces questions cruciales s'agissant de l'outre-mer français ne peut qu'être renvoyé à la consultation de l'actualité.

Pour ce qui est de la distinction des matières, il est difficile de sortir des appréciations habituelles ou classiques. Il est notoire que le droit civil, sous son triple aspect d'état des personnes, de règles du mariage et de droits sur le sol, est par excellence la matière relevant de la diversité. Le statut concret du citoyen ultramarin peut ainsi se tisser de normes fortement distantes de celles en vigueur en métropole, et un droit privé local voisine alors avec le droit commun. Il en est presque de même, mais de façon moins manifeste, du droit du travail. Le reste, ce qui a trait au civique ou à l'économique, est plus technique, plus « moderne » par nature même, et se prête volontiers à une uniformisation qui n'est peut-être qu'une porte vers une « mondialisation ».

On voit ainsi en Nouvelle-Calédonie l'existence d'un « statut coutumier kanak » et de « terres coutumières » couvrant 23 % du territoire et bénéficiant d'un statut d'inaliénabilité. À Mayotte, un statut civil de droit local coranique couvre notamment l'état et la capacité des personnes, le mariage, les régimes matrimoniaux, les successions et les libéralités.

A émergé par ailleurs en Nouvelle-Calédonie, des suites des accords dits de Nouméa du 5 mai 1998 et d'une loi organique du 19 mars 1999, une véritable citoyenneté calédonienne avec partage des compétences législatives, détermination de règles particulières sur le transfert de compétences étatiques, le régime électoral et les conditions d'un prononcé futur des populations sur l'avenir institutionnel du territoire, étant rappelé que la règle dite de spécialité législative écarte – mais sans exclure leur extension par disposition spéciale – l'application automatique des lois émanant du parlement national, hormis celles touchant à la souveraineté, celles ayant un caractère constitutionnel ou organique, ou encore celles relatives à un principe général du droit.

S'agissant des institutions, il est possible d'observer la diversité autant dans les institutions privées que dans les institutions publiques.

Le type le plus achevé des institutions privées révélatrices de la diversité est la famille telle que l'organise à Mayotte le droit local coranique, combiné à une influence des coutumes africaines et malgaches : primat du sujet mâle, polygamie non prohibée, impossibilité d'établir une filiation non légitime et inégalité selon le sexe dans les partages successoraux.

Ce dispositif a été fortement réformé par une loi du 21 juillet 2003 et sa portée a été encore diminuée par une ordonnance du 3 juin 2010. Les dispositions essentielles de ces textes ont concerné, dans la loi de 2003, l'interdiction de la polygamie et la prohibition de la répudiation unilatérale, et, s'agissant de l'ordonnance de 2010, l'alignement entre les deux sexes de l'âge requis pour se marier, l'énonciation de la capacité totale de la femme mariée et majeure, et la mise en place d'une procédure de renonciation volontaire au statut local pour le statut de droit commun, avec énonciation de l'applicabilité du seul statut de droit commun dans les rapports entre personnes de différents statuts.

En Nouvelle-Calédonie, le type le plus achevé d'institution publique prenant en compte la diversité est l'ensemble constitué par le sénat coutumier, compétent notamment à l'égard des projets concernant le statut coutumier, les conseils coutumiers qui dans chacune des huit aires territoriales élisent ses seize membres, et les assesseurs coutumiers présents dans les juridictions civiles appelées à trancher les litiges relatifs au droit coutumier.

La place du juge dans la diversité

Si l'on aborde la place du juge dans la diversité, force est de se référer à la fonction de ce « diseur de droit », porteur de la puissance publique qui applique des normes apportées par le législateur ou le gouvernement. Son rôle dépend évidemment de la place que le législateur réserve à la diversité, mais il peut apporter une plus-value de sagesse ou de proximité, ou encore de pondération. Qui est ce juge et que fait-il ? La question peut être abordée du point de vue organique et du point de vue fonctionnel.

Du point de vue organique, le tableau est relativement simple : des juges cohabitent et entre eux existe une répartition des compétences, critère éventuel d'appréciation de l'effectivité de la diversité.

La description est rapidement faite de plusieurs juges cohabitant entre eux, celui qui peut être qualifié d'« ordinaire » et celui qui est « local » : magistrats professionnels des ordres judiciaire et administratif français, de première instance et d'appel, d'une part ; juridictions des dix-huit cadis et du grand cadi et chambres d'annulation musulmane à Mayotte, d'autre part ; juridictions coutumières déjà citées, enfin, en Nouvelle-Calédonie.

L'articulation des compétences avait traditionnellement une apparence de clarté : droit commun pour les premiers, droit local, au périmètre déjà présenté, pour les seconds. Il faut préciser que, à Mayotte, pour les litiges de droit local relatifs à l'état et à la capacité des personnes, aux régimes matrimoniaux, aux successions et aux libéralités, la juridiction civile de droit commun était seule compétente, mais dans une composition échevinée puisque présidée par un magistrat du siège ayant comme assesseur deux cadis. L'ordonnance du 3 juin 2010 pose finalement le principe de compétence intégrale des juridictions ordinaires pour statuer sur les litiges de droit local, ce qui consacre la suppression pure et simple des attributions judiciaires des cadis.

Vient alors, à la lumière de cette description, le point de vue fonctionnel. L'exemple de Mayotte est ici le plus parlant, et rend compte de la gestion particulière, par les juges, du concept reconnu de diversité. Il semble nécessaire, à cet égard, de faire les observations suivantes.

Les juges français ont porté très haut, et de façon équilibrée, la nécessité d'une conciliation de la diversité et des droits fondamentaux, avec primat évident de ces derniers. La jouissance de leur statut personnel est certes garantie – sauf renonciation – aux Mahorais de confession musulmane par l'article 75 de la

Constitution. C'est pourquoi la Cour de cassation, qui toujours contrôle et garantit l'application du droit local au travers même des critiques émises quant à sa conformité aux droits fondamentaux, casse par exemple le 27 février 1997 une décision imposant à un intéressé bénéficiaire du droit local, en l'absence de toute renonciation, le droit commun pour l'établissement d'une filiation. Il est en revanche souligné par le Conseil constitutionnel dans une décision du 17 juillet 2003 que si le législateur ne peut remettre en cause l'existence même du statut local, il peut adopter « des dispositions de nature à en faire évoluer les règles dans le but de les rendre compatibles avec les principes et droits constitutionnellement protégés ».

La mise en œuvre de ce très vaste programme oblige notamment à un repositionnement des institutions juridictionnelles au regard des impératifs du procès équitable. C'est dans cette optique que se comprend la disparition de fait – certes critiquée çà et là – de la juridiction des cadis depuis l'ordonnance du 3 juin 2010, ouvrant en droit aux juges ordinaires un espace d'application et d'interprétation du droit local, et ouvrant en fait aux cadis, institution non supprimée, un espace pour une action de médiation et de conciliation, dans la droite ligne d'un document public dit *Pacte pour la départementalisation de Mayotte*, publié en juillet 2010 et prévoyant, comme le souligne le rapport au président de la République relatif à l'ordonnance, que « le rôle des cadis sera[it] recentré sur des fonctions de médiation sociale ».

Ainsi va, entre législateurs et juges, la diversité dans cet ensemble original que constitue l'outre-mer français, ensemble un peu tributaire du passé mais laboratoire inattendu d'imagination et d'innovation. Il resterait bien sûr à apprécier le degré de réussite des dispositifs mis en place et celui de l'intérêt qu'y peuvent trouver les populations concernées. Ces quelques remarques y aideront peut-être.

4

Le juge comme agent de migration de canevas de raisonnement entre le droit civil et la *common law*

Quelques observations à partir d'évolutions récentes du droit constitutionnel canadien*

Jean-François GAUDREAULT-DESBIENS

Les études de droit comparé tendent à associer si étroitement certains modes de raisonnement à des traditions juridiques particulières qu'elles en viennent parfois à conclure que ceux-ci peuvent difficilement migrer d'une tradition à l'autre. En ce qu'ils seraient liés aux conceptions fondatrices de ces traditions, à leur *épistémè* en quelque sorte, ou en ce qu'ils révéleraient

* Cet article constitue une version française mise à jour et considérablement remaniée du texte suivant : Jean-François Gaudreault-DesBiens, « Underlying Principles and the Migration of Reasoning Templates: A Trans-Systemic Reading of the *Quebec Secession Reference* », in Sujit Choudhry (éd.), *The Migration of Constitutional Ideas*, Cambridge, Cambridge University Press, 2006, p. 178.

certaines de leurs conventions profondes[1], on présume d'une certaine manière de la sédentarité de ce que nous appellerons dans ce texte des « canevas de raisonnement ». La prudence légitime avec laquelle on saisit les greffes de normes substantielles ou procédurales ne fait que renforcer cette attitude. En revanche, le revers de celle-ci est peut-être de nous inciter à demeurer trop centrés sur la tradition à laquelle nous nous identifions principalement et ainsi de négliger les modes concrets de déploiement du raisonnement dans les traditions « autres », même lorsqu'on pourrait y observer ce qui ressemble fort à des « ressemblances de famille[2] ». Le postulat d'incommensurabilité des modes de raisonnement[3] ou, si l'on préfère, de non-compossibilité[4] de ceux-ci nous empêche d'une certaine façon de formuler des questions dont les réponses pourraient nous faire sortir de notre zone de confort et nous forcer à nous confronter à l'altérité qui est peut-être présente au sein même de notre tradition d'attache.

Par exemple, malgré la croissance exponentielle de la littérature juridique de *common law* portant sur le recours judiciaire aux principes constitutionnels, surtout lorsque ceux-ci ne se retrouvent pas explicitement consacrés dans le texte constitutionnel, les auteurs, et notamment ceux évoluant dans

---

1. Andrei Marmor, *Social Conventions: From Language to Law*, Princeton, Princeton University Press, 2009, p. 171-175.
2. Ludwig Wittgenstein, *Investigations philosophiques*, Paris, Gallimard, 1961, p. 148.
3. Sur ce plan, Legrand a raison de souligner l'apparente incommensurabilité entre les modes archétypaux de raisonnement dans ces deux traditions. En revanche, en prendre acte n'exige pas de nier la possibilité de toute interaction épistémique entre ces traditions. Voir Pierre Legrand, *Le droit comparé*, Paris, Presses universitaires de France, 1999, p. 81-99.
4. Jeremy Waldron définit la « non-compossibilité » comme « [...] visant l'idée selon laquelle deux choses possibles peuvent cependant ne pas être compossibles, c'est-à-dire possibles ensemble, l'existence de l'une rendant impossible l'existence de l'autre, voire présuppose que l'autre ne soit pas ». Voir Jeremy Waldron, « Identité culturelle et responsabilité civique », *Revue de philosophie et de sciences sociales*, n° 1, 2000, p. 178.

l'environnement formellement bijuridique du Canada, tendent à ne dire mot des expériences civilistes du même ordre, et ce en dépit du fait que sur le plan de la typologie des normes, un principe est un principe, c'est-à-dire que quelle que soit la tradition à laquelle on s'identifie – droit civil ou *common law* – un principe va présenter à peu près les mêmes caractéristiques normatives. Pour l'essentiel, il sera formulé en termes généraux et faiblement prédéterminés – s'il est bien sûr formulé de manière explicite, ce qui n'est pas toujours le cas – et sa mise en œuvre ne se fera pas en fonction de la dichotomie légal/illégal, contrairement aux règles. À la binarité du processus analytique fondé sur l'application de règles sera substitué un processus évaluatif où le contexte influera sur le poids qu'aura tel ou tel principe dans telles ou telles circonstances. Il s'ensuit qu'un principe, au contraire d'une règle, ne saurait dicter des résultats parfaitement prévisibles ou entièrement prédéterminés[5].

Des études s'intéressant aux principes et à leurs usages, plutôt que de s'en tenir aux règles ou aux institutions, sont susceptibles d'être fort instructives dans l'optique de mieux comprendre non seulement les phénomènes de migration des idées en droit, mais aussi les processus internes d'acculturation qui agissent au sein des systèmes juridiques. Leur flexibilité intrinsèque, vu leur texture ouverte, peut en effet en faire des véhicules efficaces de migration des idées, que celles-ci soient porteuses de normes substantielles ou de normes procédurales. Les principes constitutionnels, dont l'individuation présuppose une sensibilité toute particulière de l'interprète aux contextes juridiques, institutionnels, philosophiques, socio-historiques et politiques du système au sein duquel il évolue, révèlent en outre

5. Nous reprenons ici la définition des principes que donne Ronald Dworkin dans son ouvrage classique *Taking Rights Seriously*, Londres, Duckworth, 1977, tout en reconnaissant que cette définition, si influente soit-elle, n'épuise pas entièrement le spectre définitionnel à l'intérieur duquel cette forme particulière de norme peut être envisagée. Voir là-dessus l'excellent texte de G. Tusseau, « Métathéorie de la notion de principe dans la théorie du droit contemporaine. Sur quelques écoles de définition des principes », in Sylvie Caudal (dir.), *Les principes en droit*, Paris, Economica, 2008, p. 75.

avec éclat le rôle que peut jouer le juge dans ces processus de migration et d'acculturation.

Nous ne nous attacherons pas dans ce texte à examiner les situations où un principe donné migre formellement d'un système juridique à un autre, et selon quelles modalités précises il le fait. Nous explorerons plutôt l'hypothèse selon laquelle les traditions juridiques peuvent subtilement converger dans la manière dont elles permettent de saisir certains litiges, cela à la faveur d'un usage croissant des principes par le juge[6]. Nous mettrons en avant l'idée qu'une migration des canevas de raisonnement est à tout le moins *possible* entre traditions juridiques, notamment en raison de l'intérêt politique qu'ont les institutions consacrant de telles migrations à atteindre des objectifs qui peuvent être plus facilement atteints en recourant à certains canevas de raisonnement plutôt qu'à d'autres. En revanche, l'instrumentalisation judiciaire de tel ou tel canevas de raisonnement peut ne pas répondre à un désir conscient et assumé de faire migrer un canevas émanant d'une tradition X au sein d'un environnement qui se rattache principalement à la tradition Y.

Nous nous pencherons sur cette hypothèse en analysant d'abord le *Renvoi relatif à la sécession du Québec*[7], un avis consultatif de la Cour suprême du Canada que l'on qualifie souvent de pierre d'assise de la résurgence d'un constitutionnalisme de *common law*, mais qui peut aussi être saisi comme illustrant la possibilité d'une migration de canevas de raisonnement. Une lecture trans-systémique de cet avis révèle en effet que ce qui y a fait l'objet d'une migration est avant tout une manière de conceptualiser les relations entre le texte constitutionnel et les principes qui le sous-tendent, dont la plupart ne sont pas explicitement codifiés. En l'occurrence, le mode de conceptualisation retenu tient plus, à bien des égards, de celui

6. Sur cet usage croissant, voir notamment Aharon Barak, « Foreword: A Judge on Judging: The Role of a Supreme Court in a Democracy », *Harvard Law Review*, vol. 116, 2002, p. 16.
7. *Renvoi relatif à la sécession du Québec*, [1998] 2 R.C.S. 217.

adopté en droit civil que de celui normalement privilégié dans un droit constitutionnel qui, au Canada, s'inscrit clairement dans la tradition de *common law*. Nous prolongerons cet exposé en nous penchant sur un autre avis de la Cour suprême du Canada, celui-là plus récent, dans le *Renvoi relatif à la Loi sur les valeurs mobilières*[8]. Cet avis, qui lui aussi adopte un raisonnement où les principes jouent un rôle essentiel, permet non seulement de conforter notre hypothèse sur le recours à ces principes mais également d'en étendre la portée : au-delà d'une migration possible de canevas de raisonnement de la tradition civiliste à celle de *common law*, le recours aux principes témoigne d'une instrumentalisation d'un certain *style* civiliste comme outil politico-juridique d'évitement ou d'apaisement face à la crise que pourrait provoquer une décision judiciaire portant sur une question constitutionnelle jugée fondamentale. Nous exposerons enfin une vision trans-systémique des constitutions comme expressions d'un *jus commune* englobant qui permet la conciliation des textes constitutionnels et des principes qui les sous-tendent.

Un *caveat* s'impose avant d'aller plus loin : compte tenu de ses visées, ce texte se fonde sur des représentations archétypales des traditions juridiques de droit civil et de *common law*. De telles représentations ont évidemment des limites, notamment en ce qu'elles tendent à occulter la multiplicité des variations possibles au sein de chacune de ces traditions. L'analyse que nous proposons doit donc être lue en tenant compte de ces limites. En revanche, dans la mesure où chacune de ces traditions est liée à un *épistémè* reconnaissable et reconnu, certaines généralisations demeurent possibles. C'est précisément en nous situant à l'échelle de ces *épistémè* que nous aborderons le thème de cet article.

8. *Renvoi relatif à la Loi sur les valeurs mobilières*, [2011] 3 R.C.S. 837.

Les principes constitutionnels dans les évolutions récentes du droit constitutionnel canadien

Le Renvoi relatif à la sécession du Québec

À la suite du référendum de 1995 sur la souveraineté du Québec, dans le cadre duquel une très faible majorité de votants ont opté pour le maintien du lien fédéral entre cette province et le Canada, le gouvernement de cet État a adopté plusieurs mesures visant à renforcer l'unité de la fédération et à éclaircir le cadre juridique applicable à la sécession d'une province. Cette question fut renvoyée à la Cour suprême du Canada[9], à laquelle on demanda notamment de déterminer si, sous l'empire de la Constitution canadienne, le Québec pouvait unilatéralement faire sécession du Canada. En déférant une telle question à la Cour, l'un des objectifs du gouvernement fédéral était de contrer une prétention souverainiste selon laquelle le droit canadien n'aurait plus d'application si les Québécois exprimaient la volonté de faire sécession du Canada et que, sur cette base, le gouvernement du Québec serait autorisé à faire une déclaration unilatérale d'indépendance. Un argument corollaire voulait que dans la mesure où la Constitution canadienne ne dit mot de la question de savoir si une province peut ou non faire sécession, elle n'empêche donc pas une province de le faire.

Deux observations liminaires doivent être faites à propos du contexte dans lequel s'inscrivait ce dernier argument et sur les sources du droit constitutionnel canadien. Il convient d'abord de noter que bien que la Constitution canadienne soit dans une

---

9. La *Loi sur la Cour suprême* (L.R.C. 1985, c. S-26, art. 53) permet au gouvernement fédéral de demander à la cour de se pencher sur une question de droit jugée importante, et souvent d'ordre constitutionnel, mais hors du cadre habituel d'un litige concret, bref sur une question hypothétique – il s'agit de la procédure de renvoi. Sans être tenue d'accepter de le faire, la Cour le fera généralement si la question posée a une dimension juridique suffisante.

large mesure écrite, elle contient aussi des normes non écrites[10]. Conformément à la tradition britannique qui a façonné le droit constitutionnel canadien, le constitutionnalisme de *common law* n'est donc pas étranger à ce droit[11]. En outre, en sus des normes explicites et implicites y ayant valeur juridique, l'existence de conventions émanant de la pratique des acteurs constitutionnels peut être reconnue par les tribunaux, mais ceux-ci ne peuvent cependant en forcer le respect en raison de leur nature irrémédiablement politique[12].

Revenant au *Renvoi relatif à la sécession du Québec*, l'argument fondé sur le silence de la Constitution dans le cas d'une sécession provinciale trouvait son assise dans l'absence de toute disposition constitutionnelle régissant *directement* cette question. Le silence est toutefois un concept ambigu, de sorte que décider qu'un silence existe exige inévitablement une interprétation préalable. Lorsqu'elles sont disponibles, des indications textuelles explicites sont bien sûr pertinentes dans le cadre de ce processus interprétatif. Dans le *Renvoi relatif à la sécession du Québec*, les dispositions constitutionnelles les plus évidentes étaient celles régissant la procédure à suivre pour effectuer différents types de modifications constitutionnelles. Deux options principales s'offraient à la Cour. Il y avait, d'une part, la formule de modification dite « générale », à laquelle on peut recourir lorsqu'aucune autre plus spécifique n'est applicable ; elle exige

10. Voir le paragraphe 52(2) de la *Loi constitutionnelle de 1982*, L.R.C. 1985, app. II, n° 44, constituant l'annexe B de la Loi sur le Canada de 1982 (R.U.), 1982, c. 11. La Constitution du Canada n'est pas entièrement comprise dans un instrument unique et, dans cette foulée, la définition donnée à l'expression « Constitution du Canada » au paragraphe 52(2) n'est pas exhaustive non plus : *New Brunswick Broadcasting Co.* c. *Nouvelle-Écosse (Président de l'Assemblée législative)*, [1993] 1 R.C.S. 319 (où la norme implicite donnant effet au privilège parlementaire se voit reconnaître un statut constitutionnel).
11. Le premier alinéa du préambule de la *Loi constitutionnelle de 1867* (30 & 31 Victoria, ch. 3 (R.-U.), L.R.C. 1985, App. II, N° 5) prévoit que la Constitution du Canada repose « sur les mêmes principes que celle du Royaume-Uni ».
12. *Renvoi : résolution pour modifier la Constitution du Canada*, [1981] 1 R.C.S. 753.

l'accord des deux chambres du Parlement fédéral et celui des assemblées législatives des deux tiers des provinces représentant au moins 50 % de la population[13]. La seconde option aurait en revanche imposé un seuil plus élevé, en exigeant qu'une sécession provinciale reçoive l'approbation unanime des deux chambres du Parlement fédéral et de toutes les assemblées législatives provinciales[14].

Certains juristes appuyaient la première option en se fondant d'abord sur des arguments de texte, notamment l'absence de disposition régissant explicitement le cas d'une modification constitutionnelle induite par une tentative de sécession, et en invoquant ensuite des préoccupations liées à la démocratie : si une majorité d'habitants d'une province devaient exprimer la volonté de faire sécession, il serait illégitime de recourir à la formule de modification la plus exigeante pour contrecarrer cette volonté. À l'inverse, d'autres auteurs estimaient que la seconde option devait être retenue, pour l'essentiel parce que les effets cumulatifs de la sécession d'une province sur l'ordre constitutionnel canadien affecteraient un nombre important de questions devant impérativement faire l'objet d'une modification constitutionnelle adoptée à l'unanimité. Au final, même si la Cour suprême opina que la sécession d'une province exige en principe une modification constitutionnelle formelle, elle refusa de dire quelle formule de modification serait applicable dans cette éventualité, se contentant d'affirmer que « [l]es modifications requises pour parvenir à une sécession pourraient être vastes et radicales[15] ».

Deux points de vue furent exprimés à propos de la réceptivité de l'ordre juridique canadien à une tentative de sécession et au rôle que pourraient jouer les textes constitutionnels dans la saisie juridique d'une telle tentative. La thèse fédérale était que la sécession d'une province soulève avant tout une question juridique qui est entièrement régie par le texte de la Constitution.

---

13. Art. 38 de la *Loi constitutionnelle de 1982*.
14. Art. 41 de la *Loi constitutionnelle de 1982*.
15. *Renvoi relatif à la sécession du Québec*, *op. cit.*, par. 84.

En revanche, les porte-parole souverainistes soutenaient que la sécession constituait un acte exclusivement politique exigeant une solution extra-juridique, ce qui les amenait à conclure que la question de la sécession était en quelque sorte « extra-constitutionnelle ».

Même si la Cour suprême rejeta la prétention souverainiste, elle récusa également l'argument strictement textocentrique mis en avant par le gouvernement fédéral, préférant plutôt redéfinir la portée de sa mission, qu'elle décrivit comme consistant en l'identification du cadre juridique à l'intérieur duquel une décision démocratique à propos de la sécession pouvait être prise. Ce faisant, la Cour établit un lien entre, d'une part, la théorie démocratique et le constitutionnalisme et, d'autre part, la légitimité et la légalité, ceci en se fondant principalement sur les principes sous-tendant la loi fondamentale du pays. Ces principes, dit-elle, « inspirent et nourrissent le texte de la Constitution : ils en sont les prémisses inexprimées[16] ». Inhérents à la structure constitutionnelle, ils « ont dicté des aspects majeurs de l'architecture même de la Constitution et en sont la force vitale[17] ». La Cour observa également qu'en raison de leur imbrication dans cette structure, ils « fonctionnent en symbiose. Aucun de ces principes ne peut être défini en faisant abstraction des autres, et aucun de ces principes ne peut empêcher ou exclure l'application d'aucun autre[18] ». Elle nota aussi que « [c]haque élément individuel de la Constitution est lié aux autres et doit être interprété en fonction de l'ensemble de sa structure[19] ». Elle statua en outre que servant en quelque sorte de postulats de l'ordre juridique canadien et dotés d'une force normative, ces principes peuvent en certaines circonstances donner naissance à des obligations juridiques, d'ordre général ou particulier, qui ont pour effet de restreindre le champ d'action

16. *Ibidem*, par. 49.
17. *Ibidem*, par. 51.
18. *Ibidem*, par. 48.
19. *Ibidem*, par. 50.

des gouvernements. Dans cette optique, les principes lient autant ces gouvernements que les tribunaux eux-mêmes[20].

Pour l'essentiel, ces principes exercent une fonction d'adaptation constitutionnelle, en permettant à l'interprétation des textes d'éviter la sclérose qui découlerait d'un formalisme littéraliste exacerbé[21]. La Cour suprême ajoute que « le respect de ces principes est indispensable au processus permanent d'évolution et de développement de notre Constitution, cet "arbre vivant" [...][22] ».

Cette métaphore de l'« arbre vivant » exprime un rejet de longue date des méthodes d'interprétation dites « originalistes » en droit constitutionnel canadien, de sorte que si le texte constitutionnel met certes en place un cadre discursif-normatif garantissant une certaine stabilité juridique – d'où la réaffirmation par la Cour de sa primauté sur les principes implicites[23] –, il ne peut être envisagé ni comme prédéterminant ni comme dictant une solution spécifique et finale à tous les problèmes constitutionnels qui peuvent surgir au fil des ans.

Dans le *Renvoi relatif à la sécession du Québec*, les principes sous-jacents jugés pertinents afin de répondre aux questions posées ont été ceux du fédéralisme, de la démocratie, du constitutionnalisme et de la primauté du droit, ainsi que de la protection des minorités. Tel que l'a signalé un commentateur, « *although nowhere spelled out as the first principles [of the Constitution], all these principles are supported by some aspects of the constitutional text*[24] ». Un peu plus complexe que cette affirmation ne le laisse supposer, pour exacte qu'elle soit par ailleurs, la stratégie discursive employée par la Cour suprême pour justifier leur statut dans l'ordre juridique canadien mérite que l'on s'y attarde un peu. Ainsi, alors que le recours au

---

20. *Ibidem*, par. 54.
21. *Ibidem*, par. 52.
22. *Ibidem*, par. 52 (citant *Edwards v. A.-G. Canada*, [1930] A.C. 114, 136).
23. *Ibidem*, par. 53.
24. Kent Roach, *The Supreme Court on Trial: Judicial Activism or Democratic Dialogue*, Toronto, Irwin Law, 2001, p. 139.

principe du fédéralisme fut justifié par des arguments textuels, structurels, historiques et sociologiques, la référence au principe démocratique se fonda essentiellement sur des considérations structurelles et historiques. Pour sa part, l'argumentaire soutenant l'usage des principes du constitutionnalisme et de la primauté du droit invoqua des considérations structurelles, textuelles et philosophiques. Enfin, ce sont des indices textuels et des considérations historiques qui permirent à la Cour d'inférer l'existence d'un principe de protection des minorités. De manière intéressante, les compromis historiques expliquant la présence de protections explicites pour les minorités furent interprétés, par le truchement de ce que nous appellerons plus loin une « déduction amplifiante », comme révélant une préoccupation plus vaste pour la protection de ces minorités[25]. Tel qu'on le constate, la multiplicité des sources sur lesquelles s'est appuyée la Cour afin de dégager un faisceau de principes structurels témoigne d'une démarche analytique allant bien au-delà d'un simple recours aux précédents jurisprudentiels, comme le veut l'image d'Épinal associée à la tradition de *common law*.

En l'espèce, la Cour suprême a statué que les principes jugés pertinents au regard d'une tentative éventuelle de sécession provinciale pouvaient servir de tremplins à l'imposition d'obligations juridiques spécifiques. Plus particulièrement, deux d'entre eux, le fédéralisme et la démocratie, permettaient d'inférer une obligation réciproque de négocier des modifications constitutionnelles en réponse à une répudiation provinciale claire de l'ordre juridique en vigueur[26]. La Cour estima que si le principe démocratique confère à chaque participant de la fédération le droit d'initier de telles modifications, l'existence de ce droit impose toutefois « aux autres participants de la Confédération l'obligation réciproque d'engager des discussions constitutionnelles pour tenir compte de l'expression démocratique d'un désir de changement dans d'autres provinces et d'y

25. *Renvoi relatif à la sécession du Québec*, *op. cit.*, par. 80.
26. *Ibidem*, par. 88.

répondre[27] ». En revanche, ce devoir de négociation n'impose aucune obligation de résultat quant à une entente éventuelle, et encore moins celle d'accepter la sécession de la province « sous réserve seulement de la négociation des détails logistiques de la sécession[28] ».

La Cour suprême refuse cependant de conférer à ce devoir un caractère exécutoire, susceptible de sanction judiciaire. Bien qu'elle le qualifie de « juridique », elle note également que certaines normes, comme les conventions constitutionnelles, ne peuvent faire l'objet que de sanctions politiques, encore que l'exemple paraisse boiteux puisque l'on n'a pas reconnu à ces conventions quelque caractère juridique que ce soit[29]. Cela étant, la Cour refuse d'exercer tout « rôle de surveillance [...] sur les aspects politiques des négociations constitutionnelles[30] ».

Cette idée selon laquelle la sanction d'obligations constitutionnelles formellement déclarées juridiques ne relèverait pas des tribunaux est intéressante. L'on peut en effet difficilement ignorer que dans un État où le droit public s'inscrit dans la tradition de *common law* et où le principe du constitutionnalisme prévaut (à l'inverse d'un État où ce serait celui de la souveraineté parlementaire), la définition du droit constitutionnel et de sa portée devient tôt ou tard le domaine de prédilection du pouvoir judiciaire. Certes, les organes législatif et exécutif de l'État ont l'obligation d'agir en conformité avec la Constitution, mais la compatibilité de leurs actions avec le cadre constitutionnel est, en bout de ligne, déterminée par les tribunaux en fonction de critères que ces derniers ont pour une large part élaborés. L'interprétation judiciaire de la Constitution est ainsi souvent assimilée à l'interprétation tout court de celle-ci, ce qui laisse en pratique peu de place aux autres organes de l'État s'agissant d'exercer un quelconque rôle de co-interprétation. En confirmant expressément que des acteurs autres que judiciaires

27. *Ibidem*, par. 69.
28. *Ibidem*, par. 90.
29. *Renvoi : résolution pour modifier la Constitution du Canada*, *op. cit.*
30. *Renvoi relatif à la sécession du Québec*, *op. cit.*, par. 100.

ont le pouvoir de déterminer si une obligation constitutionnelle particulière, qualifiée non seulement de normative dans une acception large mais également de juridique au sens strict, a été respectée, et ce sans qu'un quelconque contrôle judiciaire ne soit nécessaire, la Cour suprême du Canada a de toute évidence adopté une conception du droit constitutionnel moins centrée sur le juge comme *deus ex machina* qu'il n'est généralement d'usage dans les États de *common law* où un régime de constitutionnalisme est en vigueur[31].

Cet usage par la Cour suprême de principes constitutionnels structurels dans le *Renvoi relatif à la sécession du Québec* n'était cependant pas inédit. L'année précédente, la Cour s'était en effet appuyée sur un autre de ces principes, celui de l'indépendance judiciaire, afin de déterminer si la baisse du salaire des juges de nomination provinciale au titre d'un programme de réduction des dépenses gouvernementales portait inconstitutionnellement atteinte à ce principe[32]. En revanche, la méthodologie inspirant l'usage de principes constitutionnels dans le *Renvoi relatif à la sécession* se distingue assez nettement de ce qui avait été fait antérieurement. Bien que la Cour suprême s'y réfère à des dispositions constitutionnelles formelles pour affirmer l'existence d'une série de principes, cette existence n'en est pas moins justifiée d'une manière telle que ces principes sont décrits comme étant dans une large mesure autonomes par rapport à cette matrice textuelle originelle. Ces principes prennent, dans la représentation qu'en donne la Cour suprême, une véritable dimension structurelle en ce qu'ils sont caractérisés comme des normes immanentes à texture ouverte, qui peuvent certes recevoir une consécration explicite dans les textes constitutionnels,

---

31. Il faut en revanche noter que la Cour suprême associait récemment la non-justiciabilité de l'obligation de négocier posée dans le *Renvoi relatif à la sécession du Québec* à la marge de manœuvre dont doit pouvoir jouir le gouvernement « lorsqu'il décide de quelle manière il doit s'acquitter des obligations relevant de sa prérogative », ceci bien sûr à l'intérieur des limites constitutionnelles fixées par les tribunaux. Voir *Canada (Premier ministre)* c. *Khadr*, [2010] 1 R.C.S. 44, par. 37.
32. *Renvoi relatif à la rémunération des juges de la Cour provinciale (Î.-P.-É.)*, [1997] 3 R.C.S. 3.

mais qui demeurent autonomes par rapport à cette consécration[33]. Cette autonomie n'est toutefois que relative, en ce que l'individuation de ces principes est faite à la lumière de ces textes, bien sûr, mais aussi du contexte historique et politique dans lequel ils ont émergé.

Cette conception des principes et l'usage qu'en fait la Cour suprême n'ont pas manqué de susciter la critique. De manière prévisible, l'ambiguïté et l'indétermination caractérisant ces principes, surtout ceux n'ayant pas d'assise textuelle évidente, ont été stigmatisées. En outre, leur force normative fut qualifiée d'équivoque, notamment à la lumière d'interrogations ayant trait, premièrement, à leur définition (s'agit-il de standards desquels peuvent découler des normes plus spécifiques ou de normes de *common law* pré-confédératives en quelque sorte « redécouvertes[34] » ?) ; deuxièmement, à leur caractère exécutoire (un tribunal peut-il ordonner leur exécution et, si oui, quels principes donneraient ouverture à cette situation ?) ; troisièmement, aux circonstances de leur application (quand et comment s'appliquent-ils[35] ?) et, quatrièmement, à leur nature plutôt abstraite[36].

Bien que plusieurs commentateurs aient estimé que, vu cette ambiguïté et cette indétermination, de tels principes devaient être employés avec prudence, d'autres reconnurent que leur usage pouvait être approprié en certaines circonstances. D'autres encore formulèrent une opinion plus négative à leur égard. Ainsi, se fondant sur une distinction étanche entre droit et politique, Cameron opina que le recours à ces principes était dangereux en raison de l'arbitraire et de l'expansion des pouvoirs judiciaires dont ils étaient porteurs, et, paradoxalement, du risque qu'ils posaient que soit créée une jurisprudence...

---

33. Voir Robin Elliot, « References, Structural Argumentation and the Organizing Principles of Canada's Constitution », *Revue du Barreau canadien*, vol. 80, 2001, p. 67.
34. Jean Leclair, « Canada's Unfathomable Unwritten Constitutional Principles », *Queen's Law Journal*, vol. 27, 2001-2002, p. 405.
35. *Ibidem*, p. 397-409.
36. *Ibidem*, p. 410.

dénuée de principes[37]. Cette crainte d'un usage arbitraire des principes n'est pas étrangère à un autre aspect du *Renvoi relatif à la sécession du Québec* qui s'est avéré fort controversé, en l'occurrence l'inscription problématique, dans la tradition de *common law*, d'un raisonnement se déployant à partir de tels principes. Sans être tous opposés au type de raisonnement adopté par la Cour suprême dans son avis, des commentateurs notèrent que celui-ci rompait avec les modes habituels de raisonnement dans cette tradition et qu'il allait bien au-delà de tous les usages qui avaient été faits des principes non écrits dans celle-ci[38]. Ainsi Leclair rappela-t-il qu'il existe une distinction entre reconnaître un statut constitutionnel à des règles de *common law* constamment réitérées par les tribunaux, d'une part, et dégager d'un faisceau de précédents des principes abstraits générant des obligations juridiques sans pedigree clair dans l'ordre juridique, d'autre part[39]. Gélinas nota en outre que la notion formelle de validité adoptée dans la tradition de *common law* a été forgée de pair avec le développement de la règle du *stare decisis*, ce qui a en quelque sorte durci un principe préexistant selon lequel il est préférable de fonder toute décision sur un précédent[40]. Cet habitus, au sens bourdieusien, est susceptible d'expliquer que même des *common lawyers* qui ne peuvent être qualifiés de positivistes purs et durs ont été étonnés de l'émancipation des principes par rapport au texte et aux précédents dans le *Renvoi relatif à la sécession du Québec*. Un peu dans la même veine, Choudhry et Howse observèrent que la Cour n'avait pas

---

37. Voir généralement Jamie Cameron, « The Written Word and the Constitution's Vital Unstated Assumptions », in Pierre Thibault, Benoît Pelletier et Louis Perret (éd.), *Essays in Honour of Gérald-A. Beaudoin. The Challenges of Constitutionalism*, Cowansville, Éditions Yvon Blais, 2002, p. 89.
38. Mark D. Walters, « The Common Law Constitution in Canada: Return of Lex Non Scripta as Fundamental Law », *University of Toronto Law Journal*, vol. 51, 2001, p. 105 et suiv.
39. Jean Leclair, art. cit., p. 405. Dans le même sens, voir Jamie Cameron, art. cit., p. 91.
40. Voir Fabien Gélinas, « Les conventions, le droit et la Constitution du Canada dans le Renvoi sur la "sécession" du Québec : le fantôme du rapatriement », *Revue du Barreau*, vol. 57, 1997, p. 291.

employé ces principes comme des aides à l'interprétation, comme c'est généralement le cas en *common law*, mais pour *ajouter* des éléments à la Constitution, ce qui les incita à distinguer entre interprétation constitutionnelle « ordinaire » et interprétation « extraordinaire »[41]. Enfin, l'idée que des obligations qualifiées de juridiques puissent ne pas être passibles de sanction judiciaire a paru étrange du point de vue de la tradition de *common law*.

Le seul consensus que l'on puisse discerner à la suite du *Renvoi relatif à la sécession du Québec* porte sur les trois idées suivantes : 1) trop rigide, une interprétation textualiste stricte ne saurait procurer les outils nécessaires pour statuer dans une espèce se qualifiant de manière assez évidente comme un cas difficile ; 2) bien que parfois légitime et peut-être même nécessaire dans des circonstances exceptionnelles, l'usage des principes, surtout implicites, en tant que sources de droit constitutionnel doit demeurer une pratique limitée ; et 3) l'identification de principes structurels à la lumière de dispositions constitutionnelles explicites est préférable à la « découverte » de principes sans assise textuelle aucune.

Ainsi, du point de vue de la tradition de *common law*, le *Renvoi relatif à la sécession du Québec* paraît quelque peu inusité, tant sur le plan de la forme que sur celui de la substance. Nous faisons l'hypothèse que cette perception s'explique au moins en partie par le fait que cet avis adopte sans le dire une méthode de saisie des rapports entre textes constitutionnels et principes sous-jacents qui rappelle celle privilégiée dans la tradition romano-germanique. Autrement dit, cette méthode aurait migré vers le monde de *common law* dans lequel s'inscrit *a priori* le droit public canadien. Nous allons voir que le même genre de migration devait se reproduire quelques années plus tard.

---

41. Sujit Choudry et Robert Howse, « Constitutional Theory and the Secession Reference », *Canadian Journal of Law and Jurisprudence*, vol. 13, 2000, p. 155-157.

Le Renvoi relatif à la Loi sur les valeurs mobilières

Si le recours aux principes structurels s'est poursuivi dans la jurisprudence de la Cour suprême du Canada postérieure au *Renvoi relatif à la sécession du Québec*[42], ce sont les principes de la primauté du droit[43] et du fédéralisme[44] qui ont été les plus fréquemment invoqués. Un avis récent, qui se penche sur la constitutionnalité d'une proposition de loi sous l'empire de laquelle le parlement fédéral entendait exercer sa compétence

42. La jurisprudence postérieure à ce renvoi réitère l'importance des principes non écrits. Voir : *R.* c. *Demers*, [2004] 2 R.C.S. 489 ; *Québec (Commission des droits de la personne et des droits de la jeunesse) c. Communauté urbaine de Montréal*, [2004] 1 R.C.S. 789. Sur l'importance des analyses de type structurel, voir *Gosselin* c. *Québec (Procureur général)*, [2002] 4 R.C.S. 429. En revanche, si importants que soient les principes non écrits, leur usage connaît toutefois des limites qui trouvent leur fondement dans le texte explicite de la Constitution, dont ils ne pourraient modifier « l'idée maîtresse » : *Succession Eurig (Re)*, [1998] 2 R.C.S. 565 (j. Binnie).

43. Sur le recours à la primauté du droit et au constitutionnalisme par une référence explicite au *Renvoi relatif à la sécession du Québec*, voir *R.* c. *Campbell*, [1999] 1 R.C.S. 565 ; *R.* c. *Mills*, [1999] 3 R.C.S. 668 ; *Toronto (Ville)* c. *S.C.F.P., section locale 79*, [2003] 3 R.C.S. 77 ; *Colombie-Britannique* c. *Imperial Tobacco Canada Ltée*, [2005] 2 R.C.S. 473 ; *Charkaoui* c. *Canada (Citoyenneté et Immigration)*, [2007] 1 R.C.S. 350 ; *Colombie-Britannique (Procureur général)* c. *Christie*, [2007] 1 R.C.S. 873 ; *R.* c. *Ferguson*, [2008] 1 R.C.S. 96. L'on peut raisonnablement ajouter à cette liste des arrêts où le principe du respect des droits a été subsumé sous celui du constitutionnalisme (*R.* c. *Mills*, [1999] 3 R.C.S. 668) ou a été traité comme un principe autonome (*R.* c. *Demers*, [2004] 2 R.C.S. 489 (j. LeBel)).

44. Sur le recours au principe du fédéralisme par une référence explicite au *Renvoi relatif à la sécession du Québec*, voir *Renvoi relatif à la Loi sur les armes à feu (Can.)*, [2000] 1 R.C.S. 783 ; *R.* c. *Advance Cutting & Coring Ltd.*, [2001] 3 R.C.S. 209 ; *Ward* c. *Canada (Procureur général)*, [2002] 1 R.C.S. 569 ; *Sauvé* c. *Canada (Directeur général des élections)*, [2002] 3 R.C.S. 519 ; *Figueroa* c. *Canada (Procureur général)*, [2003] 1 R.C.S. 912 ; *Banque canadienne de l'Ouest* c. *Alberta*, [2007] 2 R.C.S. 3 ; *Renvoi relatif à la Loi sur la procréation assistée*, [2010] 3 R.C.S. 457. Sur le recours de plus en plus fréquent, mais ambigu, au principe du fédéralisme en général, voir Jean-François Gaudreault-DesBiens, « The "Federal Principle" and the Legacy of the Patriation and Quebec Veto References », *Supreme Court Law Review*, vol. 54, 2011, p. 78.

relative « au trafic et au commerce[45] » pour réglementer dans tous ses aspects essentiels le domaine des valeurs mobilières, ressort toutefois de cette jurisprudence. Et c'est le fédéralisme qui agit en l'espèce comme principe régulateur.

Pour mettre en contexte le débat soulevé dans le *Renvoi relatif à la Loi sur les valeurs mobilières*[46], il suffira de dire que la compétence primordiale en matière de réglementation des valeurs mobilières a depuis toujours été reconnue aux provinces, au titre de leur compétence sur « la propriété et les droits civils[47] ». La portée de ce chef de compétence est très vaste, permettant aux provinces de réglementer l'essentiel des matières relevant du « droit privé », hormis celles qui furent expressément attribuées au parlement fédéral dans la *Loi constitutionnelle de 1867*. À l'intérieur de ces paramètres, le parlement fédéral ne pouvait réglementer les valeurs mobilières qu'au regard de certaines sociétés par actions constituées sous l'empire d'une loi fédérale. Sa proposition de loi visant à réglementer *tout* le champ des valeurs mobilières aurait donc été à la source d'un empiètement considérable sur les compétences provinciales, même si le gouvernement fédéral ne prétendait exercer à cet égard qu'une compétence concurrente. Toutefois, les dispositions de la proposition de loi, qui prévoyait l'abrogation volontaire des lois provinciales et l'adhésion à un système pancanadien de réglementation mis en place par le gouvernement, de même que la règle de la primauté du droit fédéral en cas de conflit avec le droit provincial et, enfin, la réalité financière et économique, auraient eu tôt fait de transformer une compétence formellement partagée entre les provinces et le fédéral en une compétence fonctionnellement hégémonique du fédéral. Ne serait-ce que sur cette question précise, une décision de la Cour favorable à ce dernier aurait constitué un très important revirement jurisprudentiel. Mais les craintes allaient au-delà de cette question. En effet, quel aurait été l'effet d'une

45. *Loi constitutionnelle de 1867*, *op. cit.*, par. 91(2).
46. *Renvoi relatif à la Loi sur les valeurs mobilières*, *op. cit.*
47. *Loi constitutionnelle de 1867*, *op. cit.*, par. 92(13).

décision favorable au gouvernement fédéral sur l'économie des relations entre la compétence de celui-ci sur le commerce et la compétence provinciale sur la propriété et les droits civils ? Dans la mesure où ces deux chefs de compétence ont été historiquement interprétés de manière corrélative, reconnaître un domaine comme relevant de la compétence de l'un des paliers peut signifier, tel qu'évoqué, que l'autre palier verra la sienne fonctionnellement restreinte, même si la compétence dans ce domaine demeure formellement partagée. La crainte la plus sérieuse dans ce dossier était donc que, par le truchement du débat sur la réglementation des valeurs mobilières, ce soit toute la compétence provinciale sur la propriété et les droits civils qui, à terme, se retrouve vampirisée par le fédéral. Cette crainte que l'initiative fédérale se mue en une sorte de cheval de Troie était davantage ressentie au Québec, la seule province où le droit privé est de tradition romaniste et où la filiation à cette tradition prend une dimension identitaire.

À l'évidence, le problème soulevé dans le *Renvoi relatif à la Loi sur les valeurs mobilières* n'avait pas, pour les citoyens canadiens, le même caractère existentiel que celui traité dans le *Renvoi relatif à la sécession du Québec*. En revanche, la manière dont la Cour suprême l'appréhenderait et le résoudrait était susceptible d'avoir un impact majeur sur l'évolution du fédéralisme au Canada, d'autant que des conceptions diamétralement opposées de ce régime constitutionnel avaient été exprimées dans le cadre du débat, les unes mettant l'accent sur l'importance de protéger la compétence provinciale au nom des relations entre fédéralisme et diversité, les autres insistant sur l'efficience des politiques publiques et le rôle prédominant que devrait jouer le gouvernement fédéral sur le plan macroéconomique. Pour dire les choses plus directement, un avis de la Cour qui aurait confirmé la constitutionnalité de la proposition de loi fédérale en des termes insuffisamment circonscrits aurait risqué de provoquer une crise constitutionnelle.

Manifestement consciente des enjeux en cause, la Cour suprême rejette dans un avis unanime les prétentions fédérales et déclare invalides les dispositions principales de la proposition de

Loi sur les valeurs mobilières. Nous ne nous attarderons pas ici sur la dimension technique du jugement. C'est plutôt le registre discursif employé par la Cour qui est pertinent pour les fins qui nous intéressent.

Tout en affirmant d'entrée de jeu que la proposition de loi analysée constituerait une « intrusion massive » du fédéral dans les compétences provinciales[48] et que « [l']à-propos d'un tel réalignement constitutionnel ne peut être tout simplement tenu pour acquis[49] », la Cour suprême souhaite d'emblée convaincre les auditoires auxquels elle s'adresse que la réponse qu'elle s'apprête à donner s'inscrit clairement dans la tradition constitutionnelle canadienne. Elle ancre son discours dans la typologie des sources de droit positif, précisant bien, comme si elle voulait se dédouaner, que sa « réponse à la question posée par le présent renvoi *n'*est dictée *que* par le texte de la Constitution, par les principes fondamentaux de notre droit constitutionnel ainsi que par la jurisprudence pertinente[50] ». Elle semble ainsi prétendre que les principes sont neutres, que leur signification est évidente, que la jurisprudence ne contient aucune ambiguïté, bref que la réponse à la question s'impose en quelque sorte « naturellement ».

Ce discours d'autorité et de vérité se double d'un style oraculaire qui tranche avec celui caractérisant normalement la jurisprudence constitutionnelle de la Cour suprême du Canada, si, bien sûr, l'on fait abstraction de cas exceptionnels comme le *Renvoi relatif à la sécession du Québec*. D'ailleurs, tout comme elle le faisait dans ce renvoi, c'est une Cour unanime et anonyme qui prononce l'avis, déclenchant un processus d'objectivation et de neutralisation de sa réponse. Certes, l'on y fait référence aux dispositions constitutionnelles applicables, mais elles ne règlent rien. On fait également état de la jurisprudence qui leur donne sens, mais sans en analyser en profondeur les tenants et aboutissants, sans prendre acte des nombreuses ambiguïtés ou tensions

48. *Renvoi relatif à la Loi sur les valeurs mobilières*, *op. cit.*, par. 2.
49. *Ibidem*, par. 5.
50. *Ibidem*, par. 10. Nos italiques.

qui la marquent[51] et sans même tenter de les dissiper. Et si l'on fait état des principaux arrêts pertinents, c'est presque comme le ferait une cour de cassation civiliste, c'est-à-dire en évacuant toute véritable analyse dialogique et discursive de ces arrêts, comme le voudrait pourtant la méthode de *common law*. En fait, tout se passe comme si le droit applicable était absolument limpide, comme s'il était un donné que l'on n'a qu'à réitérer. Voilà un bel exemple de révisionnisme, même si, en bout de ligne, le *statu quo* juridique est maintenu. Cette approche plus abstraite, car moins dialogique, tient en grande partie à l'ancrage du raisonnement normatif de la Cour dans une matrice principielle où le fédéralisme joue un rôle central. La Cour rappelle à cet égard que le principe fondamental sous-jacent au fédéralisme est qu'« [u]n pouvoir ne peut être utilisé d'une manière telle que cela revienne en réalité à en vider un autre de son essence[52] ». Tout en réitérant une position antérieure sur l'inévitabilité d'un « fédéralisme de chevauchements » où, en principe, chaque palier de gouvernement peut validement légiférer à l'égard d'une matière quelconque si ses compétences propres l'autorisent à le faire, elle se montre plus sensible que dans les dernières décennies à la nécessité d'imposer des balises à ces chevauchements, rejetant du coup la représentation des paliers de gouvernement d'une fédération comme étant des vases communicants. Le « fédéralisme de chevauchements » est certes envisagé comme encourageant la coopération, mais une coopération volontaire[53]. Là encore, la Cour suprême fonde son affirmation non pas tant sur des précédents mais sur un principe – le fédéralisme – duquel elle tire des conséquences normatives :

---

51. Pour avoir une idée de l'ampleur de ces ambiguïtés ou tensions, voir Noura Karazivan et Jean-François Gaudreault-DesBiens, « On Polyphony and Paradoxes in the Regulation of Securities Within the Canadian Federation », *Canadian Business Law Journal*, vol. 49, n° 1, 2010, p. 1.
52. *Renvoi relatif à la Loi sur les valeurs mobilières*, *op. cit.*, par. 7, et aussi par. 85.
53. *Ibidem*, par. 57, 130 et 132.

> « Il n'appartient pas à la Cour de suggérer aux gouvernements du Canada et des provinces comment procéder, en jugeant à l'avance, dans les faits, tel ou tel autre régime valide sur le plan constitutionnel. Nous pouvons toutefois à bon droit noter l'existence d'une tendance de plus en plus marquée à envisager les problèmes complexes de gouvernance susceptibles de se présenter dans une fédération, non pas comme une simple alternative entre les deux ordres de gouvernement, mais comme une recherche coopérative de solutions qui satisfont les besoins tant de l'ensemble du pays que de ses composantes.
>
> Une telle approche s'inscrit dans le droit fil des principes constitutionnels canadiens et des pratiques adoptées par le fédéral et les provinces dans d'autres sphères d'activité. Ces régimes ont pour pivot le respect par chacun des champs de compétence de l'autre et la collaboration pour principe directeur. Le fédéralisme qui sous-tend le cadre constitutionnel canadien n'exige pas moins[54]. »

S'il existe bel et bien au Canada une pratique de coopération intergouvernementale, elle n'est toutefois guère balisée par le droit, au point de se situer à bien des égards hors de celui-ci[55]. En fait, s'inscrivant presque entièrement dans la sphère politique, elle ne débouche pas toujours sur un respect intégral des compétences des gouvernements impliqués, en particulier ceux des provinces. Dans ce sens, le discours de la Cour constitue une exhortation à aligner la pratique sur le droit. À ce titre, il est plus porteur d'aspirations que d'obligations juridiques formelles.

Comme le *Renvoi relatif à la sécession du Québec*, le *Renvoi relatif à la Loi sur les valeurs mobilières* se distingue des décisions constitutionnelles habituelles de la Cour suprême du

54. *Ibidem*, par. 132-133.
55. Johanne Poirier, « Les ententes intergouvernementales et la gouvernance fédérale : aux confins du droit et du non-droit », in Jean-François Gaudreault-DesBiens et Fabien Gélinas (éd.), *The Moods and States of Federalism : Governance, Identity, and Methodology / Le fédéralisme dans tous ses états*, Bruxelles-Cowansville, Éditions Bruylant-Éditions Yvon Blais, 2005, p. 441.

Canada par un usage très appuyé d'un principe sous-jacent – le fédéralisme – pour résoudre un important conflit normatif. Ce conflit aurait cependant aussi pu être réglé à partir d'une analyse plus serrée et approfondie des précédents, réalisée à travers le prisme de la méthode traditionnelle adoptée en *common law*. Le style qu'emploie la Cour à la faveur de cet usage d'une norme principielle est considérablement plus oraculaire, d'autant qu'elle s'exprime dans cet avis comme entité collégiale unanime. En fait, tant sur le fond que sur la forme, l'avis de la Cour suprême s'éloigne de ses canevas habituels pour se rapprocher de ceux que privilégie, par exemple, la Cour constitutionnelle allemande[56].

Aussi bien dans le *Renvoi relatif à la sécession du Québec* de 1998 que dans le *Renvoi relatif à la Loi sur les valeurs mobilières* de 2011, on observe ce qui ressemble fort à la migration d'un canevas de raisonnement, fondé sur l'usage de principes non écrits à partir desquels on appréhende un conflit normatif et dont on tire des conséquences particulières aux fins de régler ce conflit. Mais c'est aussi un *style* qui migre avec ce canevas de raisonnement. Or, la Cour suprême du Canada instrumente cette double migration dans des espèces où sa réponse est susceptible de provoquer ou d'exacerber une crise politico-constitutionnelle[57]. Elle doit donc apaiser le jeu et, dans les deux cas, elle le fait en recourant à un canevas de raisonnement et à un style qui, s'éloignant de la tradition de *common*

56. Voir Donald P. Kommers et Russel A. Miller, *The Constitutional Jurisprudence of the Federal Republic of Germany*, Durham, Duke University Press, 3e éd. revue et augmentée, 2012. Pour des réflexions approfondies sur les liens entre forme et fond dans la tradition romaniste, voir Nicholas Kasirer (dir.), *Le droit civil, avant tout un style ?*, Montréal, Éditions Thémis, 2003.

57. Il est intéressant de signaler que la Cour suprême du Canada a récemment exprimé une opinion unanime et anonyme, donc publiée au nom de « la cour » dans deux autres renvois ayant trait à des questions au regard desquelles la société canadienne était considérablement divisée, en l'occurrence l'obligation d'enregistrer les armes à feu et le mariage des conjoints de même sexe. Voir *Renvoi relatif à la Loi sur les armes à feu (Can.)*, [2000] 1 R.C.S. 783 ; *Renvoi relatif au mariage entre personnes du même sexe*, [2004] 3 R.C.S. 698.

law au sein de laquelle est normalement ancrée sa jurisprudence constitutionnelle, se rapprochent beaucoup plus de ceux qui caractérisent les droits romanistes.

Il est pertinent de signaler à ce stade que les économistes La Porta, Lopez-de-Silanes et Schleifer observaient récemment que les modes de régulation associés à la tradition de *common law*, qu'ils estiment plus efficients lorsque l'économie fonctionne normalement, le sont peut-être moins que ceux de droit civil – moins hostiles à la régulation étatique – lorsqu'une crise ou un épisode de « désordre » se profile à l'horizon[58]. Bien qu'ils aient trait à des problématiques bien différentes, autant le *Renvoi relatif à la sécession du Québec* que le *Renvoi relatif à la Loi sur les valeurs mobilières* semblent appuyer cette thèse : la Cour suprême d'un État bijuridique comme le Canada pourra se tourner, peut-être inconsciemment et à des fins purement pragmatiques, vers des canevas de raisonnement et un style plus « civilistes » lorsqu'une crise ou un épisode de désordre menace d'éclater ou lorsqu'un apaisement constitutionnel s'avère nécessaire. La distinction établie par Choudhry et Howse entre interprétation constitutionnelle « ordinaire » et interprétation « extraordinaire » est donc confortée, encore que l'analyse trans-systémique que nous proposons dans ce texte offre une occasion de la raffiner, en mettant en lumière l'influence possible de la variable « tradition juridique » en contexte bijuridique pour distinguer entre « moments constitutionnels »[59] où l'on s'en tient aux modes « ordinaires » d'interprétation, d'une part, et ceux où l'on a recours à une forme « extraordinaire » d'interprétation, d'autre part.

Pour appuyer les hypothèses avancées jusqu'ici, voyons maintenant comment la tradition civiliste permet d'appréhender les rapports entre texte et principes non écrits.

---

58. Rafael La Porta, Florencio Lopez-de-Silanes et Andrei Schleifer, « The Economic Consequences of Legal Origins », *Journal of Economic Literature*, vol. 46, 2008, p. 327.
59. Sur la notion de « moment constitutionnel », voir Bruce Ackerman, *We the People, vol. 1. Foundations*, Cambridge, Harvard University Press, 1991.

Les principes dans la tradition civiliste

La dissociation entre normes et règles a pris une signification spéciale dans la tradition civiliste en raison de l'expérience de la codification. Cette distinction, qui vise à refléter un spectre allant des normes plus générales aux plus spécifiques, recoupe celle établie entre les principes généraux du droit et les normes ayant fait l'objet d'une codification expresse[60]. Du reste, ces normes posent parfois des standards qui se rapprochent considérablement de ceux que promeuvent les principes généraux. Reconnus comme source de droit dans la tradition romano-germanique (en dépit de certaines incertitudes quant à leur identité exacte), ceux-ci sont fréquemment utilisés par les tribunaux tant en droit public qu'en droit privé[61]. Une précision s'impose toutefois avant d'aller plus loin : tout principe sur lequel s'appuie un tribunal d'un État de droit civil ne peut être qualifié de « principe général du droit ». De fait, d'autres types de principes ont pu être identifiés, d'une manière *ad hoc*, comme découlant de la structure d'un texte juridique particulier ou comme procédant d'une conception normative d'un régime juridique spécifique. Certains de ces principes sont trop intimement liés à cette structure ou à ce régime pour mériter la qualification de « principe général » – pensons au principe de loyauté fédérale que la Cour constitutionnelle d'Allemagne a inféré de la structure fédérale du pays. L'on pourrait d'une certaine façon décrire les principes généraux comme ayant une nature pan-systémique alors que les autres principes seraient plutôt d'ordre sous-systémique. En revanche, le fait qu'un principe soit qualifié de sous-systémique ne réduit pas nécessairement son importance dans l'ordre juridique, surtout lorsqu'on lui a

60. Étienne Le Roy, « Norme », in André-Jean Arnaud *et al.* (dir.), *Dictionnaire encyclopédique de théorie et de sociologie du droit*, Paris, LGDJ, 1993, p. 403.
61. Il peut y avoir des variations aussi bien entre les États de tradition civiliste qu'entre les différentes périodes historiques ayant marqué l'évolution de cette tradition.

conféré un statut constitutionnel. En outre, même lorsqu'un principe n'est pas reconnu comme « général » sous l'angle d'une quelconque théorie des sources, la démarche intellectuelle ayant mené à son identification et à sa justification n'est pas nécessairement différente de celle employée pour « découvrir » un principe général. En fait, tous les principes, qualifiés ou non de généraux, soulèvent des questions liées à l'interprétation et au rôle du pouvoir judiciaire comme institution productrice de normes juridiques. Dès lors, les observations que nous ferons à propos des principes généraux du droit s'appliqueront *mutatis mutandis* à d'autres types de principes qui ne se qualifient pas comme tels sous un angle plus technique. Ces principes généraux serviront donc de tremplins à une réflexion plus vaste sur la nature, les fonctions et les usages des principes en droit. Tel qu'on le constatera, la doctrine qui s'est penchée sur les principes ne met pas tant l'accent sur leur statut dans la théorie des sources que sur leur rôle dans l'interprétation juridique et les usages qu'en font les tribunaux.

On dit souvent des principes généraux du droit qu'ils témoignent d'une croyance en l'unité logique, la cohérence et la rationalité d'un système juridique. Gustavo Zagrebelsky soulève toutefois des doutes quant à l'exactitude, du moins à l'époque contemporaine, de cette représentation archétypale :

> « *Principles, which at one time were the ultimate expression of the logical unity of the legal system, are now called upon to perform a constitutive task, namely the articulation of a common normative matrix allowing for the dialogical unity of the law of complex societies, supported by the institutional architecture of the constitutional state. Because of this, principles cannot originate in the rules, but must have their own autonomous origin and validity*[62]. »

62. Gustavo Zagrebelsky, « Ronald Dworkin's principle-based constitutionalism: An Italian point of view », *I-CON*, vol. 1, 2003, p. 636.

Notons-le, Zagrebelsky parle d'autonomie et non de neutralité. Il est en effet largement accepté que les principes généraux du droit sont porteurs de valeurs, étant arrimés autant aux aspirations morales qu'aux institutions et dispositifs techniques de l'ordre juridique au sein duquel ils émergent, ainsi qu'à la philosophie politique de l'État où l'on en reconnaît l'existence[63]. C'est dire que leur fondement se trouve aussi bien dans le droit positif (national ou international) qu'à l'extérieur de celui-ci. Ils peuvent ainsi servir de vecteurs d'intégration dans l'ordre juridique interne de normes internationales, d'idées ou de propositions de droit émanant d'autres systèmes nationaux, voire d'ordres juridiques non étatiques (par exemple, des droits religieux ou coutumiers). Ces normes d'origine extra-systémique sont intégrées, en tout ou en partie, lorsqu'il s'agit de déterminer la signification d'un régime normatif ou d'une norme particulière de l'ordre juridique interne[64].

Cette observation met en lumière la relation qui existe entre les principes généraux du droit et l'interprétation juridique. Bien que l'acceptation ou le rejet des principes, surtout non écrits[65], en tant que sources légitimes de droit reflète la vision que l'on peut avoir de l'acte interprétatif et du droit lui-même, ce n'est pas parce que les principes *confèrent* une quelconque discrétion aux interprètes – en fait, leur individuation *présuppose* une discrétion préexistante –, mais parce que les méta-normes qu'ils véhiculent, et qui lient la discrétion de leurs interprètes, ont pour vocation de transcender toute structure juridique positive de laquelle ils peuvent être inférés, ou de forcer la reconnaissance de la porosité d'une telle structure ou de l'ordre juridique entier

63. Mireille Delmas-Marty, *Pour un droit commun*, Paris, Seuil, 1994, p. 83.
64. *Ibidem*, p. 122.
65. C'est à dessein que nous ne parlons pas ici de sources « formelles », une idée qui est de plus en plus perçue comme constitutive d'obstacles épistémologiques par les plus importants théoriciens civilistes. Voir Philippe Jestaz, « Source délicieuse... Remarques en cascades sur les sources du droit », *Revue trimestrielle de droit civil*, vol. 92, 1993, p. 73 ; Paul Amselek, « Brèves réflexions sur la notion de "sources du droit" », *Archives de philosophie du droit*, vol. 27, 1982, p. 251.

si les principes identifiés s'inspirent de valeurs ou idéaux originellement externes à l'ordre juridique positif. Dans ce sens,

> « *[p]rinciples are not norms closed in on themselves and are not even – as "critical positivism" would have it – norms that call into play the discretion of the interpreter because of their communicative imperfection. They refer to something beyond themselves and are, therefore, open by nature, not by defect*[66] ».

De telle sorte que les principes généraux du droit ne sont pas simplement élaborés dans le « champ symbolique des valeurs », ils se nourrissent de ces valeurs et les nourrissent en retour[67]. Ainsi liés à la culture, ils forment un code culturel implicite, une espèce de savoir tacite[68], qui produit et encadre la conscience juridique. Aussi bien en tant que reflets du droit entendu comme pratique discursive constitutive de significations combinant raison, aspirations, mythes et mémoire, qu'en tant que produits de cette pratique, ils participent à l'institution, à la stabilisation, à la reproduction mais aussi à l'évolution de la culture juridique au sein de laquelle ils émergent. Et dans la mesure où la culture a avant tout trait à la production du sens, ils en viennent à former un horizon de signification relativement stable, bien qu'hétérogène, auquel les acteurs juridiques peuvent recourir lorsqu'ils le jugent nécessaire ou utile. Un tel besoin risque tout particulièrement de se manifester en cas de crise, politique ou juridique, ou si des abus, individuels ou institutionnels, ont lieu. Les principes généraux exercent alors une fonction de régénération du droit, de sorte que la stabilité relative qu'ils contribuent à assurer ne doit pas être comprise comme la simple perpétuation d'un *statu quo*.

---

66. Gustavo Zagrebelsky, art. cit., p. 637.
67. Mireille Delmas-Marty, *op. cit.*, p. 78.
68. Sur le concept de « savoir tacite », d'une importance cruciale dans tous les champs de la connaissance, voir Michael Polanyi, *The Tacit Dimension*, Chicago, University of Chicago Press, 1966.

On entend souvent que les principes généraux sont « découverts ». Si tel est le cas, cela doit signifier qu'ils existent déjà quelque part, la question étant de déterminer où. Cela signifie en outre que le processus menant à leur découverte ne peut être réduit à une manifestation d'arbitraire de la part des juges. Mais quel est donc ce processus ? Mireille Delmas-Marty en résume bien l'essence lorsqu'elle parle d'une méthode caractérisée par l'usage de la « déduction amplifiante », au moyen de laquelle le juge

> « analyse un texte ou un ensemble de textes pour en extraire, par amplification, un principe dont il tire ensuite des applications concrètes, parfois consacrées dans de nouvelles règles de droit. Le juge découvre littéralement les principes généraux, ce qui veut dire qu'il ne les invente pas, nourris qu'ils sont d'une histoire que le juge ne saurait réécrire en toute liberté. C'est la communauté des juristes qui par son approbation reconnaît, ou par ses critiques refuse, la légitimité du principe dégagé par le juge[69] ».

Dans un tel contexte, les autres juges vont de toute évidence jouer un rôle de premier plan, mais la doctrine contribuera aussi considérablement à l'acceptation et à la sédimentation du principe ainsi découvert. Cette idée de sédimentation est importante puisqu'elle attire l'attention sur les débats qui, inévitablement, précèdent l'acceptation du principe en tant que tel. Dans cette optique, les auditoires auxquels s'adressent métaphoriquement les juges constituent, de fait, un rempart contre l'arbitraire. Pour qu'ils puissent s'exprimer, toutefois, encore faut-il que l'ordre juridique en cause soit véritablement démocratique.

Cela dit, alors que la reconnaissance de principes généraux du droit dépend souvent de la présence de certains attributs explicites de l'ordre juridique, d'autres types de principes manifestent une plus grande autonomie. Ceux-ci proviennent alors de

---

69. Mireille Delmas-Marty, *op. cit.*, p. 85.

la culture sociétale. C'est ce qui explique que, dans des cas exceptionnels, leur reconnaissance semble contredire une règle qui se donne explicitement à voir – nous reviendrons sur cette question lors de notre étude de la configuration des rapports entre les principes non écrits et le droit explicite, ceci à la lumière de ce que les premiers permettent de faire, et peut-être surtout de faire faire au second.

Les origines des principes sont donc éminemment variées. Ils peuvent être distillés de pratiques, de précédents ou d'opinions savantes venant du passé, auquel cas l'on peut qualifier leur origine d'historique. Ils peuvent également être inférés de structures juridiques positives, auquel cas leur nature peut être dite systémique ou structurelle. Ils peuvent aussi avoir été empruntés à d'autres systèmes juridiques, phénomène dont on trouve une illustration éclatante dans la dynamique d'appropriation réciproque qui a présentement lieu entre les cours constitutionnelles des États membres de l'Union européenne et les organes judiciaires communautaires. Enfin, les principes sont susceptibles d'être extraits de matrices normatives qui, d'un point de vue positiviste classique, ne sauraient être qualifiées de juridiques, ce qui soulève la question de la « conversion » de ces normes extérieures au droit positif, c'est-à-dire des conditions dans lesquelles de telles normes peuvent se muer en normes positives[70]. On ne doit toutefois pas perdre de vue que même lorsque des principes émanent de systèmes normatifs non positifs et même lorsque l'on dit qu'ils « transcendent » les systèmes positifs, ce serait faire fausse route que de comprendre cette transcendance dans une perspective jusnaturaliste. Comme le signalait Patrick Morvan, même si les principes sont susceptibles de bouleverser, voire de subvertir les hiérarchies explicites entre normes juridiques, ils demeurent des construits culturels, des productions normatives humaines[71].

70. Voir John Henry Merryman, « Comparative Law Scholarship », *Hastings International and Comparative Law Review*, vol. 21, 1998, p. 779-780.

71. Patrick Morvan, *Les principes de droit privé*, Paris, Éditions Panthéon-Assas, 1999, p. 63.

Cela dit, le *statut* juridique des principes généraux du droit demeure indubitablement « troublant[72] ». De fait, on les tient parfois pour égaux aux normes juridiques ordinaires (auquel cas ils servent à combler les « lacunes » du droit), parfois pour supérieurs à elles (lorsqu'on leur reconnaît un statut constitutionnel). Dans cette optique, ils peuvent avoir une fonction aussi bien corrective que directive[73]. Par exemple, en France, le Conseil constitutionnel a affirmé que des principes non écrits pouvaient avoir valeur constitutionnelle. Cela a été le cas, au fil des ans, du principe de l'individualisation des peines en droit pénal, de celui du pluralisme politique comme moyen concret d'assurer l'effectivité des libertés d'opinion et d'expression, de celui de la liberté universitaire, de celui de l'indépendance des tribunaux administratifs, etc.[74]. Le Conseil d'État a pour sa part reconnu comme principes généraux les droits de la défense, qui incluent le droit circonstanciel d'appeler d'une décision, même lorsqu'une loi empêche en principe un tel appel[75]. D'autres principes qui inspirent clairement les processus judiciaire et administratif sont ceux de proportionnalité, de rationalité, de prévisibilité, d'équité procédurale, de non-rétroactivité, de non-discrimination, d'intelligibilité normative et de précision.

Mais si le statut des principes est troublant, leur *nature* l'est également. C'est ce qui explique qu'une définition aux prétentions hégémoniques ne saurait être valable pour tous et qu'ils ne peuvent être rattachés à une règle de reconnaissance unique qui leur serait systématiquement appliquée. Cela explique en outre pourquoi on les décrit souvent en termes métaphoriques. On les qualifie ainsi de « figures de proue d'un système juridique[76] » ou, comme le fit la Cour suprême du Canada dans le *Renvoi relatif à la sécession du Québec*, de

72. Mireille Delmas-Marty, *op. cit.*, p. 87.
73. *Ibidem*, p. 86.
74. Voir Louis Favoreu *et al.*, *Droit constitutionnel*, Paris, Dalloz, 6e éd., 2003, p. 123.
75. Mireille Delmas-Marty, *op. cit.*, p. 86.
76. Constantin M. Stamatis, *Argumenter en droit. Une théorie critique de l'argumentation juridique*, Paris, Publisud, 1995, p. 228.

« force vitale » de la Constitution[77]. En l'absence d'une définition hégémonique des principes généraux du droit, l'aspect qui les distingue principalement des autres types de normes tient au fait que

> « *they come to bear on a legal decision only as a result of a judge's asserting that the principle exists and that it has a particular weight in the circumstances of the case. Principles and their weights in particular contexts are not "declared"*[78] ».

En d'autres termes, les principes généraux du droit n'ont pas à passer par un test d'identité préalable prenant la forme d'un « contrôle d'immigration » qu'exercerait formellement l'ordre positif, pour être reconnu comme existants par un tribunal. On pourrait certes arguer que leur reconnaissance judiciaire antérieure ou que leur identification par un processus de distillation historique, de corroboration structurelle ou même d'acceptation doctrinale de longue date tiennent lieu d'un tel test. En revanche, nous nous retrouverions alors avec plusieurs règles de reconnaissance possibles sur lesquelles les juges pourraient s'appuyer selon leur bon plaisir ou leur intérêt ponctuel, ce qui contredirait le rôle même qu'attribue Hart à *la* règle de reconnaissance dans un ordre juridique quelconque[79]. En outre, dans la mesure où il est admis que les principes généraux du droit peuvent dériver de normes extra-juridiques (sous l'angle positiviste), il devient ontologiquement impossible d'identifier un critère auquel on pourrait constamment se référer afin de déterminer la nature « juridique » d'une norme présentée comme un principe général du droit. Dans cette mesure, l'usage de principes considérés comme sous-jacents à un ordre juridique, tel qu'on l'envisage dans une perspective romaniste, met inévitablement en question la croyance voulant qu'un système

---

77. *Renvoi relatif à la sécession du Québec*, *op. cit.*, par. 51.
78. George P. Fletcher, « Two Modes of Legal Thought », *Yale Law Journal*, vol. 90, 1981, p. 978.
79. Voir Herbert Lionel Adolphus Hart, *The Concept of Law*, Oxford, Oxford University Press, 2e éd., 1994.

de droit puisse être clos ou qu'on puisse vraiment le clore. Par leur nature même, les principes sont ouverts aux normativités considérées comme « extra-juridiques » sous l'angle positiviste. Comme tels, ils sont vecteurs d'internormativité, encore que la réceptivité d'un système juridique positif aux normativités « extra-juridiques » peut varier selon les époques, et surtout, selon la représentation que les acteurs de ce système se font de son niveau d'autonomie par rapport aux autres sous-systèmes sociaux. Cette image que propose Norbert Rouland rend bien compte de cette dynamique :

> « Au fond, le droit procède comme des mouvements de marée : parfois, les règles de droit sont à marée basse et laissent apparaître d'autres normes (religieuses, esthétiques, de convenance, etc.) dans une relative autonomie : d'autres fois, elles sont à marée haute, avec le processus inverse[80]... »

Cela dit, en l'absence d'une règle de reconnaissance prédéterminée qui pourrait leur être constamment appliquée, leur seule reconnaissance par un tribunal suffit pour que l'aspiration, l'idéal ou la norme sociale dont ils sont censés être porteurs devienne droit. La performativité d'une telle reconnaissance est, en quelque sorte, intrinsèque et immédiate. Aussi, lorsque Mireille Delmas-Marty soutient que c'est la communauté des juristes qui, en bout de ligne, valide les usages spécifiques que l'on fait des principes, elle attire l'attention sur leur dimension fondamentalement herméneutique, qui assure, en contexte démocratique, que des usages purement arbitraires de ce type de norme ne seraient pas tolérés.

L'autonomie relative dont jouissent les principes généraux du droit vis-à-vis du droit écrit dans la tradition romaniste ainsi que leur caractère méta-normatif expliquent l'impact qu'ils peuvent avoir sur les textes avec lesquels ils sont mis en

---

80. Norbert Rouland et Jean Benoist, *Voyages aux confins du droit. Entretiens*, Aix-en-Provence, Presses universitaires d'Aix-Marseille, 2012, p. 56.

dialogue. Morvan observe à cet égard que les principes opèrent à deux niveaux[81].

D'un point de vue utilitariste, ils peuvent agir comme vecteurs de transmission de normes d'un ordre juridique à un autre, ou entre les différents sous-systèmes d'un même ordre juridique[82]. Certes importante, cette fonction n'est cependant pas la plus marquante. En effet, et cela étonne souvent les *common lawyers*, l'usage le plus radical et le plus draconien que l'on peut faire des principes est de s'en servir pour mettre en échec une prescription juridique apparemment impérative. Les principes peuvent alors permettre au juge de formellement ignorer une telle prescription. Ils permettent aussi, à l'inverse, d'en étendre la portée et le sens d'une manière telle qu'une dissociation évidente s'opère entre le texte la posant, s'il avait fait l'objet d'une interprétation littérale, et l'interprétation qui lui est donnée, ou bien entre cette interprétation et l'intention législative décelable au fondement de la prescription en cause. Le cas échéant, un principe sous-jacent peut à toutes fins pratiques neutraliser une norme explicite spécifique, même si le tribunal demeure par ailleurs libre de se référer à une quelconque règle d'interprétation voulant que cette norme spécifique l'emporte sur une autre plus générale ou qu'une norme explicite prévale sur une autre implicite. Cet usage *contra legem* des principes sous-jacents n'est pas *en soi* de nature à choquer la conscience civiliste[83], bien qu'il soulève la question de la marge d'autonomie dont dispose le juge face aux textes normatifs auxquels il est tenu de donner sens.

Se pencher plus avant sur cette question nous ferait dévier de notre trajectoire. Deux observations s'imposent néanmoins à ce stade. Premièrement, reconnaître comme peuvent le faire les droits romano-germaniques que les juges disposent d'une certaine latitude pour « découvrir » des principes, même si ce

81. Patrick Morvan, *op. cit.*, p. 550 et suiv.
82. *Ibidem*, p. 649-690.
83. Pour une illustration canadienne de la fonction stérilisante des principes généraux, voir *Doré* c. *Verdun*, [1997] 2 R.C.S. 862.

processus heuristique demeure relativement contraint, ne peut que mener à la conclusion que ces acteurs sont bel et bien investis du pouvoir de créer des normes générales, étant donné la nature des principes, et qu'à ce titre, ils s'érigent non pas seulement en compléments mais aussi en concurrents du législateur ou, si l'on se situe dans le champ constitutionnel, du constituant[84]. Cela, et c'est le moins qu'on puisse dire, détruit le mythe du juge civiliste « passif ».

Notre seconde remarque est d'une nature plus technique : la possibilité d'appliquer un principe *contra legem* présuppose une décision antérieure du juge, celle selon laquelle le texte à interpréter ne lui procure pas les ressources suffisantes pour régler de manière satisfaisante le cas dont il est saisi, et ce alors même que ce texte pourrait lui offrir des arguments techniques susceptibles de déterminer la solution. Mais si le texte qui pouvait fonder cette solution est jugé insuffisant, c'est que le juge a malgré tout estimé qu'il était lacunaire. Même s'il tenait ce concept pour problématique, Hans Kelsen a peut-être donné la définition la plus lucide de ce qu'est une lacune. Selon lui, nous sommes en présence d'une lacune

> « lorsque l'organe d'application du droit considère le défaut d'une telle norme juridique comme regrettable d'un point de vue de politique juridique, et qu'en conséquence il repousse l'idée d'appliquer le droit en vigueur, alors que cette application serait logiquement tout à fait possible, et ne se heurte qu'à un motif de politique juridique que l'organe d'application du droit estime qu'elle serait inéquitable ou injuste[85] ».

Autrement dit, une lacune existe lorsque, pour des considérations externes au texte lui-même, appliquer celui-ci mènerait, selon la personne chargée de l'interpréter, à des résultats insatisfaisants ou peu souhaitables. Ainsi, tout comme l'est

84. Hans Kelsen, *Théorie pure du droit*, trad. Charles Eisenmann, Bruxelles-Paris, Bruylant-LGDJ, 1999, p. 250.
85. *Ibidem*, p. 246.

l'affirmation qu'un texte est « clair », la conclusion, explicite ou implicite, selon laquelle un texte est lacunaire constitue pour le juge une manifestation de son autorité[86]. Cela signifie donc que la lacune est, littéralement, créée par le juge-lecteur du texte. L'identification d'une lacune découle en conséquence d'un processus à la fois volontariste et constructiviste. Comment ce processus se déploie-t-il ?

Réitérons d'abord que s'il n'est pas incorrect de dire que les principes sont surtout employés pour combler les lacunes d'un texte, cette représentation demeure néanmoins incomplète. Tel qu'évoqué, les principes sont en effet susceptibles de jouer un rôle considérable dans la justification des interprétations *contra legem*. Comme le notait à ce propos Chaim Perelman, l'interprète qui souhaite éviter d'appliquer un texte relativement clair dans une espèce particulière va restreindre sa portée en introduisant dans l'analyse un principe général qui créera une lacune *contra legem*[87]. Patrick Morvan conclut fort justement que, dans un tel cas, le « silence » de la loi n'en est pas vraiment un, mais que c'est au contraire la loi que l'on fait taire afin de permettre l'expression du principe[88]. Il en découle que les principes ne comblent pas tant les lacunes qu'ils les provoquent. Tout cela n'est ni exceptionnel ni inacceptable en contexte de droit civil, particulièrement si l'on considère que les principes sont souvent associés aux aspirations les plus profondes d'un système juridique. Leur origine, leur identité ou leur portée peuvent certes être débattues, mais l'exercice potentiel de leur fonction *contra legem* n'est guère contesté dans l'abstrait, car la vocation du principe est, au fond, de prévaloir sur d'autres types de normes[89], nonobstant ce que peuvent en dire des tribunaux

---

86. Voir Michel van de Kerchove, « Le sens clair d'un texte : argument de raison ou d'autorité ? », in Guy Haarsher et Léon Ingber (dir.), *Arguments d'autorité et arguments de raison en droit*, Bruxelles, Éditions Némésis, 1988, p. 291.
87. Charles Perelman, *Logique juridique. Nouvelle rhétorique*, Paris, Dalloz, 2e éd., 1979, p. 48.
88. Patrick Morvan, *op. cit.*, p. 640.
89. *Ibidem*, p. 644.

comme la Cour suprême du Canada lorsqu'ils affirment le contraire afin de légitimer dans l'ordre rhétorique leurs interprétations *contra legem* dans une culture juridique occidentale qui demeure profondément marquée par le fétichisme textuel, quelle que soit la tradition juridique en cause.

La Constitution comme *jus commune* englobant

Wittgenstein observait que « [l]es limites de mon langage signifient les limites de mon propre monde[90] ». Une saisie complexe des problèmes que soulèvent les principes sous-jacents exige donc une réflexion sur le langage du droit constitutionnel. Mais quel est ce langage ? Se pourrait-il que l'expression textuelle du droit constitutionnel pose les limites du langage dans ce champ du droit, comme le voudraient les fétichistes du texte ? Nous estimons que la réponse à cette question doit être négative.

Bien qu'il soit banal d'affirmer, à un niveau métathéorique, que le langage du droit constitutionnel est composé de normes, se pose la question de savoir si ces normes ne peuvent être envisagées qu'à travers un prisme textuel. Nous ne le croyons pas, car cela témoignerait d'une confusion entre, d'un côté, les normes et, de l'autre, certaines de leurs expressions formelles et contingentes, qu'il s'agisse de principes, de standards ou de règles explicites. En outre, réduire ce que nous entendons par le « langage du droit constitutionnel » à ce que disent les textes constitutionnels est symptomatique de l'application au *droit*, et au droit constitutionnel en particulier, en tant que discours à vocation prescriptive, d'un modèle analytique indûment étroit, en l'occurrence celui généralement appliqué à de simples *lois*.

90. Ludwig Wittgenstein, *Tractatus Logico-Philosophicus*, Paris, Gallimard, n° 5.6, 1961, p. 86.

Une telle confusion risque particulièrement de surgir dans un contexte où, comme dans la tradition de *common law*, est établie une *summa divisio* entre le droit d'origine prétorienne, constitutif de la *common law* envisagée comme *jus commune*, et les textes législatifs. Dans un tel cadre, l'équation de base ne comporte que deux variables (droit prétorien et droit légiféré), alors que dans la tradition civiliste elle en comporte trois (Codes, lois et droit prétorien). Or, dans la mesure où, en *common law*, le droit légiféré est censé déroger au premier et où il est perçu comme le commandement du souverain[91], les règles d'interprétation qui lui sont appliquées sont plus restrictives et centrées sur le texte lui-même. Aussi faut-il se demander s'il est approprié d'appliquer un tel modèle à des textes *constitutionnels*.

Comme l'observait Strauss alors qu'il dénonçait la tendance, qu'il qualifie de « réflexe usuel », consistant à examiner les textes constitutionnels américains comme s'il s'agissait de simples lois (et donc d'interprétation stricte dans la tradition de *common law*) :

> « *Conventionally we think of legal reasoning as divided into common law reasoning by precedent on the one hand, and the interpretation of authoritative texts on the other. Constitutional and statutory interpretation, while of course different in many respects, are viewed as forms of the latter and fundamentally different from the former. In fact, constitutional interpretation, as practiced today in this country, belongs on the other side of the line*[92]. »

Même si cette tendance n'est pas aussi lourde dans d'autres États de *common law* où les théories littéralistes d'interprétation ont eu moins d'écho, elle y est néanmoins présente. Cette

91. Sur la théorie du « commandement » selon laquelle un texte lie son interprète parce qu'il a été édicté par une source formellement autorisée à le faire, voir David A. Strauss, « Common Law Constitutional Interpretation », *University of Chicago Law Review*, vol. 63, 1996, p. 885-888.
92. *Ibidem*, p. 889.

situation est vraisemblablement attribuable à la résilience de l'idée, à bien des égards intériorisée par les juristes, que les textes édictés par le législateur ou l'un de ses délégués partagent une même nature exceptionnelle en ce qu'ils dérogent à la *common law*, c'est-à-dire au droit prétorien. L'établissement d'une *summa divisio* entre ce droit et le droit légiféré favorise ainsi l'épanouissement d'une représentation selon laquelle *tous les textes édictés* sont systématiquement assimilés les uns aux autres, oblitérant les distinctions entre eux. Cela a pour effet de nuire à la reconnaissance de différents statuts hiérarchiques entre ces textes, statuts qui peuvent être liés à la fonction qu'ils exercent dans l'ordre juridique. Cela empêche que des textes dont la fonction est plus importante et qui, souvent, jouissent d'un statut hiérarchique supérieur soient interprétés en tenant compte de cette fonction prédominante dans l'ordre juridique.

Un tel problème est moins susceptible de se produire en contexte romaniste où les distinctions entre différents types de textes édictés sont d'emblée reconnues. Qu'elles soient explicites ou implicites, ces distinctions structurent l'esprit des juristes s'identifiant à cette tradition. Rappelons-le, un Code civil n'est pas une « loi ordinaire » comme l'est un « *statute* » de *common law*. Il ne s'agit pas d'un texte qui déroge au *jus commune* représenté par le processus de distillation des précédents formant la *common law*. Un Code civil *est* le *jus commune*, auquel des lois particulières peuvent déroger ou non, mais qui, en toute hypothèse, est présumé exprimer les normes fondatrices applicables dans un champ donné du droit, précisément parce qu'il est traité comme *jus commune*. Il s'ensuit qu'un Code civil n'est pas, dans un État civiliste, soumis à des règles d'interprétation aussi strictes que celles qui seraient applicables à une loi particulière, comme l'est dans un autre contexte un *statute* de *common law*. Bien que les dispositions explicites d'un Code demeurent importantes, son interprétation ne devrait jamais être trop centrée sur le texte, puisque plusieurs de ces dispositions ne sont que des applications particulières de normes préexistantes, ayant souvent une portée plus large, comme le sont les principes généraux. Il s'ensuit qu'un Code, dans l'acception civiliste de ce mot, ne saurait prétendre comprendre toutes les normes de droit civil[93]. Sur le plan méthodologique, on a pu fort justement y voir une « grille de lecture[94] », ce qui signifie que l'on ne peut le réduire à un simple faisceau de diktats.

Une conséquence importante découlant de la saisie d'un instrument juridique comme ne consignant que l'expression particulière et à certains égards contingente de principes plus vastes est que l'abrogation de cet instrument juridique n'a pas pour effet de provoquer un vide juridique ou, pis encore, un état de non-droit. Il s'agit là d'un des présupposés inspirant l'édiction d'un Code civil : si le Code disparaissait, aucun vide juridique radical ne serait créé puisque les principes généraux du droit et la coutume, qui continuent d'exister, prendraient la relève et seraient reconnus et mis en œuvre par les tribunaux[95]. Et bien qu'un Code civil tente d'être aussi exhaustif ou complet que possible, il le fait en se fondant sur la prémisse qu'il ne constitue qu'une expression du droit civil, fût-elle importante, qu'il peut être complété aussi bien par des principes généraux (parfois non écrits) que par la coutume, qu'il peut même être supplanté par de tels principes, et qu'il est en quelque sorte ontologiquement irréductible à l'idée de complétude, et ce nonobstant l'esthétique de la complétude qui a marqué le discours civiliste à une certaine époque. Mais cette ouverture normative se vérifie dans tout ordre juridique, qui, en tant que construit susceptible d'évolution, ne peut ni ne doit être représenté comme un système fini[96].

---

93. France Allard, « L'impact de la *Charte canadienne des droits et libertés* sur le droit civil : une relecture de l'arrêt Dolphin Delivery à l'aide d'une réflexion sur les sources du droit civil québécois », *Revue du Barreau*, numéro spécial 1, 2003, p. 34. Pour une reconnaissance de ce principe par la Cour suprême du Canada, voir *Cie Immobilière Viger* c. *Lauréat Giguère Inc.*, [1977] 2 R.C.S. 67.
94. Geoffrey Samuel, « Can the Common Law Be Mapped? », *University of Toronto Law Journal*, vol. 55, 2005, p. 286.
95. France Allard, *op. cit.*, p. 36.
96. Ce qui met en question toute idée de clôture normative ou interprétative, qu'elle soit véhiculée à l'égard du droit positif ou de droits non étatiques.

Stamatis observe à cet égard que

> « [r]iche en possibilités, l'ordre est alors potentiellement plus large que ses cristallisations normatives historiquement concrètes ; il est aussi un ordre de liberté au même titre qu'un ordre de sécurité et de contrainte[97] ».

Il faut donc distinguer les textes normatifs dont la fonction est d'établir le *jus commune* et tous les autres textes normatifs, dont les lois particulières ou, en *common law*, les *statutes*. Il en découle une conséquence normative d'importance considérable : la relation de l'interprète aux dispositions de chaque type de texte normatif ne peut être la même selon qu'il se penche sur un texte établissant le *jus commune* ou sur un autre qualitativement moins signifiant. Or, si la fonction d'un Code civil est d'établir le *jus commune* s'agissant de régir les relations privées entre personnes, ne peut-on pas aussi soutenir, du moins dans un régime où s'applique une variation quelconque de la doctrine du constitutionnalisme, qu'une constitution exprime une forme au moins aussi importante de *jus commune* dans la mesure où elle jette les bases de l'ordre juridique positif lui-même ? Adaptée à un contexte de *common law*, cette approche conforte l'idée de Strauss selon laquelle la meilleure explication qui peut être donnée à l'interprétation constitutionnelle doit être faite à partir du modèle de *common law* plutôt que de celui de l'interprétation des *statutes*. Sur ce plan, il est peut-être moins redondant qu'il n'y paraît de rappeler que *jus commune* signifie précisément « *common law* ».

La confusion des textes constitutionnels avec d'autres formes d'instruments juridiques explicites est non seulement de nature à empêcher les juristes de pleinement saisir le rôle que peuvent jouer les principes sous-jacents dans un système juridique, en ce qu'une telle confusion interfère dans la relation de l'interprète avec le texte constitutionnel, mais représente en outre un obstacle de taille s'agissant de bien appréhender les différents

97. Constantin M. Stamatis, *op. cit.*, p. 232.

niveaux de normativité juridique que peut contenir un instrument posant une quelconque forme de *jus commune*.

Revenons maintenant à la décision qui a servi de tremplin à cette étude. Il convient de rappeler que, dans le *Renvoi relatif à la sécession du Québec*, la Cour suprême du Canada a refusé d'exercer tout rôle de supervision des aspects politiques des négociations qui pourraient être conduites après un référendum favorable à l'option sécessionniste. Bien que l'on puisse arguer que ce ne sont que ces aspects politiques, quelle qu'en soit la définition, qui sont présumés non justiciables par la Cour, au contraire de l'obligation de négocier comme telle et, *a fortiori*, des principes sous-jacents à partir desquels on l'a extirpée[98], une analyse plus approfondie est nécessaire. Encore une fois, un détour par la tradition civiliste peut s'avérer instructif. Ce détour aiguillera l'attention vers la relation quelque peu différente, et peut-être moins prosaïque, que cette tradition entretient avec les normes juridiques lorsqu'on la compare avec celle de *common law*.

Soulignons ici que bien que la mise en œuvre des droits ou l'exécution des obligations soit aussi importante dans la tradition civiliste que dans celle de *common law*, la première demeure peut-être plus réceptive que la seconde aux normes encodant des aspirations ou procédant d'une éthique de la vertu, ou à celles dont l'effectivité est avant tout symbolique en raison de leur caractère non exécutoire ou de la rareté des occasions où leur non-exécution est sanctionnée. Les droits des États de tradition civiliste tendent donc à entendre la normativité juridique comme permettant la cohabitation de prescriptions impératives et d'aspirations plus vastes dont la sanction judiciaire est, au mieux, contingente. C'est la raison pour laquelle une obligation peut être qualifiée de juridique sans pour autant être formellement justiciable. La juridicité d'une

98. Voir, en particulier, les par. 101-102 du *Renvoi relatif à la sécession du Québec*, *op. cit.*

obligation doit en ce sens être distinguée de sa force normative, plus variable[99].

Deux exemples illustrent cette distinction. Premièrement, dans sa classification des obligations, le droit civil reconnaît, sous une forme ou une autre, trois grands types d'obligations[100]. Aux extrémités opposées du spectre, on retrouve, d'une part, l'obligation civile et son plein caractère exécutoire et, d'autre part, l'obligation morale, dont l'exécution ne dépend que de la conscience du débiteur. Ce serait le cas d'une obligation générale d'aider son prochain, quelles que soient les circonstances. Entre les obligations civile et morale, on trouve l'obligation naturelle qui ne donne au créancier aucun droit d'action en justice mais de laquelle peuvent néanmoins découler certains effets juridiques susceptibles d'être reconnus par les tribunaux. Ainsi, si le débiteur d'une obligation naturelle exécute volontairement son obligation, il ne pourra répéter ce qu'il a payé en invoquant qu'il n'avait aucune obligation formelle de le faire[101]. Des dispositions codifiées peuvent prévoir de manière expresse des situations donnant naissance à de telles obligations et préciser les effets juridiques de celles-ci[102], mais les tribunaux peuvent aussi reconnaître leur existence en certaines circonstances[103].

Le deuxième exemple est celui des obligations civiles qui sont expressément stipulées dans une loi bien que le législateur sache, au moment de leur adoption, qu'elles ne feront que très rarement l'objet de demandes d'exécution judiciaire. Tel est le cas des obligations de « bon Samaritain », qui exigent que l'on porte assistance à une personne en danger à moins que l'on ait

---

99. Sur le concept de force normative, voir Catherine Thibierge (dir.), *La force normative. Naissance d'un concept*, Paris-Bruxelles, LGDJ-Bruylant, 2009.
100. Voir John E. C. Brierley et Roderick A. Macdonald, *Quebec Civil Law*, Toronto, Emond Montgomery, 1993, p. 382-383.
101. Voir par exemple l'art. 1534 du *Code civil du Québec* (ci-après « C.C.Q. »).
102. Tel est le cas des contrats de jeu et de pari (art. 2630 C.C.Q.) et du cautionnement d'une obligation naturelle (art. 2340 C.C.Q.).
103. Jean-Louis Baudouin et Pierre-Gabriel Jobin, *Les obligations*, Cowansville, Yvon Blais, 5e éd., 1998, p. 24-25.

une raison valable de ne pas le faire[104]. Même s'il sait pertinemment que les manquements à une telle obligation sont rarement sanctionnés par les tribunaux, notamment en raison de l'ignorance, de l'inaction, voire de la disparition de leurs créanciers potentiels, le législateur décide néanmoins de l'imposer explicitement, pariant sur l'effectivité sociale plus large de la disposition envisagée et souhaitant que l'aspiration ainsi codifiée se diffuse dans la culture sociétale. On trouve généralement des dispositions porteuses de telles aspirations dans des textes qui, explicitement ou implicitement, peuvent raisonnablement être rattachés au *jus commune* d'un ordre juridique. On comprend donc de ce qui précède qu'une personne qui, influencée consciemment ou non par l'*épistémè* civiliste, aborde une constitution comme étant une expression « publiciste » du *jus commune* dans un ordre juridique donné, est moins susceptible de tenir l'idée d'une obligation *juridique* non justiciable pour une absurdité.

Conclusion

Il faut maintenant arrimer les unes aux autres les observations les plus pertinentes faites à propos de la conceptualisation « civiliste » des principes et de la normativité juridique en général, d'une part, et des avis de la Cour suprême du Canada dans le *Renvoi relatif à la sécession du Québec* et le *Renvoi relatif à la Loi sur les valeurs mobilières*, d'autre part.

Dans la tradition de droit civil, les questions ayant trait au pedigree des principes structurels susceptibles de reconnaissance judiciaire n'ont qu'une importance relative, particulièrement si l'on entend de manière étroite la notion de pedigree comme ne

---

104. Voir par exemple l'article 2 de la *Charte des droits et libertés de la personne*, L.R.Q., c. C-12. Il est à noter que la responsabilité civile du bon Samaritain n'est engagée que si le préjudice causé par ses actions découle d'une faute intentionnelle ou d'une grossière négligence de sa part (art. 1471 C.C.Q.).

se référant qu'aux précédents jurisprudentiels. La méthode par laquelle l'existence et l'usage de ces principes sont justifiés est absolument cruciale, mais, à l'évidence, leur pedigree particulier n'y joue pas le rôle qu'on lui attribue dans les États de *common law*. Le critère employé dans la tradition de droit civil pour déterminer l'ancrage – ce que Dworkin appelle le « *fit* » – d'un principe structurel au sein d'un ordre juridique est en ce sens plus laxiste que dans celle de *common law*. Dans cette mesure, la méthode retenue par la Cour suprême du Canada dans le *Renvoi relatif à la sécession du Québec* afin d'identifier un faisceau de principes applicables en l'espèce paraît plus proche de celle privilégiée dans la tradition romaniste que de celle de *common law*.

En ce qui a trait à l'interaction entre les principes sous-jacents et le texte d'une constitution, nous avons observé que le juge civiliste qui a recours à un principe dispose d'une marge d'autonomie considérable qui peut même lui permettre d'ignorer (ou de neutraliser) une prescription explicite qui pourrait techniquement lui servir d'appui pour résoudre le problème juridique dont il est saisi. Rappelons ici que l'avis de la Cour suprême dans le *Renvoi relatif à la sécession du Québec* fut vivement critiqué pour avoir ignoré le texte de la Constitution du Canada ou y avoir ajouté des éléments, sans même expliquer pourquoi les dispositions explicites régissant la mécanique des modifications constitutionnelles ne pouvaient trouver application en cas de sécession provinciale. Cette critique n'est pas entièrement mal fondée, la lecture de cet avis étant susceptible de persuader même un observateur charitable que la justification offerte par la Cour au soutien de son interprétation est en effet quelque peu lacunaire ou, en tout cas, insuffisamment transparente.

Ce problème de justification demeure néanmoins distinct de celui que pose la distance que la Cour prend par rapport au texte de la Constitution. Comment cette mise à distance s'explique-t-elle ?

Bien que les principes identifiés dans le *Renvoi relatif à la sécession du Québec* puissent tous être liés d'une manière ou d'une autre à des éléments du texte constitutionnel, la Cour n'en signale pas moins qu'ils préexistent à ce texte, celui-ci étant envisagé comme une simple *élaboration* de ces principes ou, si l'on préfère, comme des expressions particulières de la logique et de l'esprit sous-tendant la Constitution[105]. On ne saurait donc s'étonner que la Cour mentionne que « [c]es principes ont dicté des aspects majeurs de l'architecture même de la Constitution [...][106] ». Cette dernière « exprime » (en anglais, « *gives expression* ») ces principes[107], même si la formalisation qui en résulte est susceptible de limiter les conséquences normatives que l'on peut en tirer. En témoigne l'affirmation selon laquelle le texte doit prévaloir sur les principes sous-jacents lorsqu'il permet de répondre à la question de droit soulevée dans une espèce donnée. Il est toutefois difficile de concilier cette affirmation avec le refus de la Cour d'appliquer strictement les dispositions constitutionnelles pertinentes, et potentiellement déterminantes, encadrant les processus de modification constitutionnelle. Cela l'est plus encore à la lumière de l'application éventuelle de ces principes au stade postérieur à la négociation, une négociation elle-même rendue nécessaire en raison d'une obligation constitutionnelle fondée par la Cour sur ces principes. Sur le plan fonctionnel, cette obligation constitue indéniablement un « ajout » de la Cour aux processus de modification potentiellement applicables en cas de sécession provinciale. Et

105. Dans le *Renvoi relatif à la rémunération des juges de la Cour provinciale (Î.-P.-É.)*, *op. cit.*, par. 83, le juge en chef Lamer reprend, pour la majorité de la Cour dans cette espèce, cette idée d'une élaboration textuelle de principes préexistants : « Malgré la présence de l'al. 11d) de la *Charte* et des art. 96 à 100 de la *Loi constitutionnelle de 1867*, je suis d'avis que l'indépendance de la magistrature est à l'origine un principe constitutionnel *non écrit*, en ce sens qu'il est extérieur aux articles particuliers des Lois constitutionnelles. L'existence de ce principe, dont les origines remontent à l'*Act of Settlement* de 1701, est reconnue et confirmée par le préambule de la *Loi constitutionnelle de 1867*. Les dispositions précises des *Lois constitutionnelles de 1867 à 1982* ne font [traduction] "qu'établir ce principe dans l'appareil institutionnel qu'elles créent ou envisagent" », *Switzman* c. *Elbling*, [1957] R.C.S. 285, à la p. 306, le juge Rand.

106. *Renvoi relatif à la sécession du Québec*, *op. cit.*, par. 51.

107. *Ibidem*, par. 69.

cet ajout ne révèle pas autre chose qu'un choix, en l'occurrence celui de ne pas donner application à des dispositions explicites susceptibles de fournir une assise, certes non dénuée d'ambiguïté, mais une assise tout de même à une réponse plus « textocentrique » que celle qui fut en bout de ligne privilégiée par la Cour. À cet égard, l'affirmation voulant que le *Renvoi relatif à la sécession du Québec* révèle une forme « extraordinaire » d'interprétation constitutionnelle n'a à elle seule qu'une faible valeur explicative. Il ne s'agit évidemment pas d'affirmer que cette espèce n'était pas exceptionnelle. Mais peut-on fonder cette qualification autrement que par la référence au fait que la Cour suprême d'une fédération démocratique était appelée à se pencher sur l'hypothèse de la sécession d'une de ses entités fédérées ? En fait, c'est la *modification* prétorienne du texte constitutionnel, pour reprendre la désignation proposée par certains commentateurs[108], par l'ajout d'une obligation jusque-là inédite, qui confère son caractère exceptionnel à l'avis de la Cour dans le *Renvoi relatif à la sécession du Québec*.

Deux explications de niveau microscopique peuvent être évoquées pour mieux comprendre le choix de la Cour suprême.

Premièrement, il se peut qu'aucune des dispositions potentiellement applicables à une modification constitutionnelle visant à répondre à un désir provincial de sécession n'ait été jugée suffisamment claire par la Cour. Comme nous l'avons signalé, aucune de ces dispositions ne traite explicitement de l'hypothèse d'une sécession provinciale. En revanche, la plupart

108. Choudhry soutient que le caractère extraordinaire du *Renvoi relatif à la sécession du Québec* tient à la modification constitutionnelle qu'impose la Cour suprême sous le couvert d'une interprétation, ceci dans une situation où les procédures formelles de modification constitutionnelle n'avaient pas, pour des raisons historiques et politiques, la neutralité requise pour légitimer une décision qui aurait été seulement fondée sur elles. Il ajoute en outre que cette modification était « extrajuridique » en ce que la Cour suprême, en y procédant, joua un rôle formellement attribué aux institutions politiques. Voir Sujit Choudhry, « Ackerman's Higher Lawmaking in Comparative Constitutional Perspective: Constitutional Moments as Constitutional Failures? », *International Journal of Constitutional Law*, vol. 6, 2008, p. 193.

des conséquences d'une telle sécession sur l'ordre juridique canadien auraient été régies par l'une de ces dispositions, en l'occurrence la plus exigeante. En définitive, on peut arguer qu'il existait bien une disposition raisonnablement « claire » sur laquelle la Cour aurait pu s'appuyer pour déterminer la procédure de modification requise en cas de sécession, si « vaste et radicale » qu'ait été cette modification[109].

La seconde explication nous paraît plus intéressante. Il s'agit de celle liant les idées selon lesquelles, d'une part, des principes sous-tendent l'architecture de la Constitution et, d'autre part, le texte de celle-ci n'offre que des expressions, à bien des égards contingentes et incomplètes, de ces principes sous-jacents. Ces idées mettent en lumière autant l'antériorité des principes que leur prééminence, révélant la superficialité et la dimension un peu cosmétique de l'affirmation par la Cour de la primauté du texte sur les principes. En fait, tout se passe comme si cette primauté était conditionnelle à la capacité du texte constitutionnel d'être en phase avec les principes sous-jacents de la Constitution. Ainsi, ces principes servent en quelque sorte à réguler les applications potentielles du texte, même si cela implique que ses prescriptions « claires » et impératives puissent être contournées ou même ignorées. Une analogie peut être faite avec le rôle que joue en droit civil la doctrine de l'abus de droit, qui demeure en revanche très controversée dans le monde de *common law*[110]. Selon cette doctrine, une partie à un contrat

109. *Renvoi relatif à la sécession du Québec*, *op. cit.*, par. 84. Il convient de signaler que la Cour fait allusion à la possibilité qu'elle accepte de se pencher sur la question de savoir quelle procédure de modification constitutionnelle serait applicable en cas de vote favorable à la souveraineté du Québec.

110. Il ne faut pas oublier qu'un droit est considéré, en *common law*, comme une réclamation valide. Dans ce contexte, les considérations morales relatives aux modalités d'exercice de ce droit sont en principe exclues de l'analyse puisque l'on ne peut restreindre la liberté de celui dont la réclamation est valide. Voir Tony Weir, « The Staggering March of Negligence », in Peter Cane et Jane Stapleton (éd.), *The Law of Obligations: Essays in Celebration of John Fleming*, New York, Oxford University Press, 1998, p. 124. Cela dit, certains théoriciens éminents estiment que si, en changeant l'angle d'approche, l'on situe

peut très bien avoir le droit de faire quelque chose, mais celle-ci reste tenue d'exercer ce droit de manière raisonnable. Si l'exercice déraisonnable d'un droit est constitutif d'un préjudice, cette partie pourrait être jugée responsable de cet abus de droit[111]. Selon cette approche, l'application d'une disposition explicite doit toujours respecter une forme de « moralité interne », pour reprendre l'expression de Lon Fuller. Or, une telle moralité intègre certainement le principe général de droit *summum jus summa injuria*[112].

C'est en suivant une logique fonctionnellement semblable à celle-là que la Cour suprême du Canada a refusé de faire une lecture technique des dispositions explicites de la Constitution du Canada régissant la modification de celle-ci. Une telle lecture aurait permis au texte d'occuper tout l'espace normatif disponible au détriment de la moralité interne de la Constitution[113]. À la lumière de ce qui précède, le caractère « extraordinaire » de l'avis de la Cour suprême du Canada dans le *Renvoi relatif à la sécession du Québec* ne tient pas surtout au fait que celle-ci s'y penche sur la sécession potentielle d'une entité fédérée, mais plutôt au fait que l'application stricte de dispositions consti-

---

l'exercice d'un droit dans un système de droits visant des finalités plus vastes, cet exercice peut effectivement faire l'objet d'une analyse dans le cadre de laquelle est vérifiée la correspondance entre les effets de cet exercice et les finalités du système de droit dont il participe à la mise en œuvre. Voir Ernest Weinrib, « Two Conceptions of Remedies », in Charles E. F. Rickett (éd.), *Justifying Private Law Remedies*, Oxford, Hart Publishing, 2008, p. 29-30.

111. Voir, en droit civil québécois *Houle* c. *Banque nationale du Canada*, [1990] 3 R.C.S. 122.

112. Rafael Domingo, Javier Ortega et Beatriz Rodríguez-Antolin, *Principios de Derecho Global. Aforismos juridicos comentados*, Elcano, Navarra, Editorial Aranzadi, 2003, p. 232.

113. Avant le prononcé de l'avis de la Cour suprême dans le *Renvoi relatif à la sécession du Québec*, Frémont et Boudreault avaient prédit que la Cour se référerait aux principes sous-jacents pour saisir la question de la sécession et empêcher qu'un recours servile au texte de la Constitution ne serve à nier l'esprit de celle-ci. Voir Jacques Frémont et François Boudreault, « Supraconstitutionnalité canadienne et sécession du Québec », *National Journal of Constitutional Law*, vol. 8, 1997, p. 202.

tutionnelles explicites aurait contredit les principes que la Cour elle-même avait identifiés. Une telle lecture téléologique, qui révèle une conception de l'interprétation qui saisit le texte de la Constitution comme étant l'expression contingente d'un *jus commune* irréductible à ce texte, nous paraît plus proche des canevas de raisonnement civilistes que de ceux généralement privilégiés en *common law*[114].

Une dernière caractéristique de la tradition romaniste qui est pertinente afin de saisir dans toute sa complexité le *Renvoi relatif à la sécession du Québec* est la reconnaissance au sein de cette tradition que des obligations peuvent avoir une nature juridique et ainsi lier juridiquement leurs débiteurs même si elles ne peuvent pas toujours faire l'objet d'une exécution forcée ordonnée par le pouvoir judiciaire. Comme on l'a vu, cette tradition juridique paraît en effet moins réticente que celle de *common law* à poser, dans des instruments importants comme des codes civils ou des constitutions, des normes qui visent à enchâsser des aspirations sociétales plus vastes et à opérer dans le champ de la normativité juridique une distinction entre aspirations et prescriptions exécutoires *stricto sensu*, les premières pouvant certes être exprimées par les secondes, mais de manière contingente seulement[115]. Sur ce point encore, l'avis de la Cour

114. Poole a noté à bon droit que le constitutionnalisme de *common law* présuppose une croyance en l'« exceptionnalisme » du droit prétorien formant la *common law*, c'est-à-dire « *that the common law [as opposed statutory law] is unique in that it necessarily constitutes a higher order of law-making* ». Voir Thomas Poole, « Back to the Future? Unearthing the Theory of Common Law Constitutionalism », *Oxford Journal of Legal Studies*, vol. 23, 2003, p. 439. Afin d'éviter toute confusion, nous estimons nécessaire de mentionner que, bien que notre conceptualisation de la Constitution en tant qu'expression d'une forme supérieure de *jus commune* puisse être perçue comme une façon de promouvoir le constitutionnalisme de *common law*, il ne s'agit là que d'un effet incident d'un argument qui, pour l'essentiel, a trait au mode d'interprétation à privilégier pour un type particulier de texte juridique, en l'occurrence le texte constitutionnel, et aux relations qui peuvent être établies entre ce type de texte et les principes le sous-tendant.

115. Bien que nous reconnaissions que les débats théoriques sur la nature de la « juridicité » dans la tradition de *common law* vont au-delà de cette

suprême du Canada dans le *Renvoi relatif à la sécession du Québec* semble davantage s'inscrire dans cette conception plus large de la normativité juridique.

Tant par l'usage qui est fait du principe du fédéralisme que par le type de discours qui en découle, l'avis de la Cour dans le *Renvoi relatif à la Loi sur les valeurs mobilières* se rapproche également de cette conception. À cela s'ajoute le fait que dans un renvoi comme dans l'autre, les avis sont signés par une cour unanime et anonyme. Ne nous méprenons pas, l'unanimité du tribunal est certes recherchée dans les États de *common law* afin de renforcer l'autorité d'une décision judiciaire, et cela est particulièrement vrai lorsque le tribunal est confronté à un « cas difficile » dont les ramifications vont au-delà du droit strict pour déborder vers l'arène politique. En revanche, même dans une telle situation, l'opinion unanime va souvent être signée par un juge ou un groupe de juges, celles signées par « la cour » demeurant assez exceptionnelles. Dans plusieurs États de tradition romaniste, et notamment dans ceux affiliés à la famille française où est proscrite l'expression de l'individualité du juge que ce soit à travers une opinion individuelle ou, pis, une opinion dissidente, les opinions signées par « la cour » sont au contraire la règle. Le moins que l'on puisse dire s'agissant des deux renvois étudiés est qu'il existe à tout le moins une coïncidence entre la forme du discours de la Cour suprême et les divers artifices qui y sont employés pour asseoir l'autorité de celui-ci, d'une part, et ce que l'on retrouve dans le discours judiciaire des États de tradition romaniste, d'autre part.

---

distinction un peu réductrice entre aspirations et obligations passibles de sanction judiciaire, le rôle central que l'on fait jouer à la décision judiciaire dans toutes les descriptions de cette tradition, que ce rôle soit explicitement théorisé ou qu'il agisse comme présupposé implicite, consolide l'association établie entre la juridicité d'une norme et sa justiciabilité. Ainsi Perry définit la *common law* « *as the institutionalized process of adjudication itself, rather than as the body of relatively stable (but nonetheless constantly changing) dispute-settling standards which emerge from the process* ». Voir Stephen R. Perry, « Judicial Obligation, Precedent and the Common Law », *Oxford Journal of Legal Studies*, vol. 7, 1987, p. 257.

Cela dit, la forme oraculaire et autoritaire du discours de la Cour suprême dans ces renvois, ainsi que les fondements avant tout principiels des solutions arrêtées, permettent, si on les replace dans leur contexte politico-constitutionnel plus large, de soulever une autre hypothèse, de nature macroscopique celle-là. Il s'agit en l'occurrence de celle voulant que le recours à des canevas de raisonnement davantage associés à la tradition civiliste réponde à une volonté de légitimation de la Cour lorsque celle-ci souhaite apaiser une crise ou en empêcher le déclenchement.

Au vu de ce qui précède, il semble bel et bien y avoir une certaine correspondance entre, d'une part, la saisie et les usages des principes sous-jacents ainsi que la conception de la normativité juridique dans la tradition civiliste et, d'autre part, le canevas de raisonnement qu'adopte la Cour suprême du Canada dans le *Renvoi relatif à la sécession du Québec* et dans le *Renvoi relatif à la Loi sur les valeurs mobilières*. Il reste que compte tenu de l'utilité limitée de l'épistémologie poppérienne dans le champ du droit, il est impossible de prouver scientifiquement les causes d'une telle correspondance : nous ne sommes pas ici dans le domaine de la preuve de faits matériels mais bien dans celui de l'argumentation et de la persuasion. Cela dit, la correspondance que nous voyons peut autant résulter d'un choix délibéré fait pour des raisons stratégiques dans un contexte où les enjeux politico-constitutionnels sont importants – des canevas de raisonnement plus fréquemment employés en droit civil étant instrumentalisés pour atteindre un résultat désiré – que de l'adoption inconsciente de canevas de raisonnement primordialement identifiés à une tradition (ici la tradition minoritaire) dans l'environnement d'un tribunal structurellement bijuridique. Le fait que la Cour suprême soit composée, bien qu'inégalement, de *common lawyers* « purs » et de juristes issus d'un ordre de droit mixte, en l'occurrence le Québec, a pu jouer un rôle dans ce qui paraît être une migration de canevas de raisonnement civilistes dans un environnement de *common law*, surtout si l'on considère que la Cour suprême est le tribunal final d'appel pour tout le Canada et qu'elle entend, à ce titre, aussi bien des affaires de *common law* que de droit civil.

En pareil contexte, l'hypothèse d'une acculturation juridique « tranquille » de tous ses membres au contact d'une tradition juridique « autre » mais néanmoins dotée d'une autorité formellement reconnue dans l'ordre canadien ne saurait être d'emblée écartée. Cela met en lumière l'intérêt d'étudier plus avant l'hypothèse d'une influence occulte de conceptions et d'approches héritées de la tradition romaniste en droit public canadien, hypothèse contre-intuitive si l'on considère que cette tradition est minoritaire dans l'ordre juridique canadien. Dans cette optique, malgré les atavismes liés à la territorialité du bijuridisme canadien[116] et en dépit de la sédentarité épistémique qu'un réflexe de protectionnisme juridique peut parfois encourager chez les juristes de toutes traditions[117], un nomadisme épistémique, possiblement inconscient et en toute hypothèse pratiqué à petite échelle, se manifesterait chez certains juristes canadiens œuvrant en droit constitutionnel[118]. Reste à savoir si une telle migration de canevas de raisonnement n'est possible que dans un ordre juridique bijuridique ou mixte dont le système judiciaire est unifié, comme c'est le cas au Canada. Il nous est impossible de répondre à cette question mais il pourrait s'agir là d'une piste de recherche intéressante à explorer plus avant, notamment dans un ordre juridique partiellement intégré comme l'Union européenne.

---

116. Voir Jean-François Gaudreault-DesBiens, *Les solitudes du bijuridisme canadien. Essai sur les rapports de pouvoir entre les traditions juridiques et la résilience des atavismes identitaires*, Montréal, Éditions Thémis, 2007.
117. Voir David Howes, « From Polyjurality to Monojurality: The Transformation of Quebec Law, 1875-1929 », *McGill Law Journal*, vol. 32, 1987, p. 523.
118. Voir Michel Morin, « Des juristes sédentaires ? L'influence du droit anglais et du droit français sur l'interprétation du Code civil du Bas-Canada », *Revue du Barreau*, vol. 60, 2000, p. 247 ; Robert Leckey, « Territoriality in Canadian Administrative Law », *University of Toronto Law Journal*, vol. 54, 2004, p. 327.

En toute hypothèse, le caractère subversif de l'éventualité d'une migration de canevas de raisonnement ne devrait pas être sous-estimé. Dans la mesure où une tradition juridique constitue une structure de production de significations, notamment par le truchement des modes de raisonnement qu'elle privilégie, cette hypothèse est porteuse d'une déstabilisation épistémique en ce qu'elle cherche à comprendre comment cette structure de production de significations est elle-même transformée au contact de l'altérité juridique. C'est en effet l'épistémologie même des traditions en cause qui, à terme, risque de faire l'objet d'un processus de métissage. Et si l'on va plus loin, l'interrogation quant à *ce* qui migre mène inévitablement à une autre ayant trait à *qui* migre, puisque la migration réussie d'un canevas de raisonnement peut emporter un autre type de migration, interne aux juristes, en l'occurrence une migration qui leur permet d'envisager leur propre *épistémè* pour ce qu'il est vraiment, c'est-à-dire un construit susceptible de reconsidération. Une telle migration est en ce sens susceptible de légitimer chez eux la reconnaissance du métissage possible de leur propre identité juridique, bref que leur « je » peut bel et bien être un « autre », comme le suggérait Arthur Rimbaud.

Bibliographie

ACKERMAN Bruce, *We the People, Vol. 1. Foundations*, Cambridge, Harvard University Press, 1991.

ALLARD France, « L'impact de la *Charte canadienne des droits et libertés* sur le droit civil : une relecture de l'arrêt Dolphin Delivery à l'aide d'une réflexion sur les sources du droit civil québécois », *Revue du Barreau*, numéro spécial 1, 2003.

AMSELEK Paul, « Brèves réflexions sur la notion de "sources du droit" », *Archives de philosophie du droit*, vol. 27, 1982.

BARAK Aharon, « Foreword: A Judge on Judging: The Role of a Supreme Court in a Democracy », *Harvard Law Review*, vol. 116, 2002.

BAUDOIN Jean-Louis et JOBIN Pierre-Gabriel, *Les obligations*, Cowansville, Yvon Blais, 5e éd., 1998.

BRIERLEY John E. C. et MACDONALD Roderick A., *Quebec Civil Law*, Toronto, Emond Montgomery, 1993.

CAMERON Jamie, « The Written Word and the Constitution's Vital Unstated Assumptions », in Pierre Thibault, Benoît Pelletier et Louis Perret (éd.), *Essays in Honour of Gérald-A. Beaudoin. The Challenges of Constitutionalism*, Cowansville, Éditions Yvon Blais, 2002.

CHOUDHRY Sujit, « Ackerman's Higher Lawmaking in Comparative Constitutional Perspective: Constitutional Moments as Constitutional Failures? », *International Journal of Constitutional Law*, vol. 6, 2008.

CHOUDHRY Sujit et HOWSE Robert, « Constitutional Theory and the Secession Reference », *Canadian Journal of Law and Jurisprudence*, vol. 13, 2000.

DELMAS-MARTY Mireille, *Pour un droit commun*, Paris, Seuil, 1994.

DOMINGO Rafael, ORTEGA Javier et RODRÍGUEZ-ANTOLIN Beatriz, *Principios de Derecho Global. Aforismos juridicos comentados*, Elcano, Navarra, Editorial Aranzadi, 2003.

DWORKIN Ronald, *Taking Rights Seriously*, Londres, Duckworth, 1977.

ELLIOT Robin, « References, Structural Argumentation and the Organizing Principles of Canada's Constitution », *Revue du Barreau canadien*, vol. 80, 2001.

FAVOREU Louis *et al.*, *Droit constitutionnel*, Paris, Dalloz, 6e éd., 2003.

FLETCHER George P., « Two Modes of Legal Thought », *Yale Law Journal*, vol. 90, 1981.

FRÉMONT Jacques et BOUDREAULT François, « Supraconstitutionnalité canadienne et sécession du Québec », *National Journal of Constitutional Law*, vol. 8, 1997.

GAUDREAULT-DESBIENS Jean-François, « Underlying Principles and the Migration of Reasoning Templates: A Trans-Systemic Reading of the *Quebec Secession Reference* », in Sujit Choudhry (éd.), *The Migration of Constitutional Ideas*, Cambridge, Cambridge University Press, 2006.

——— *Les solitudes du bijuridisme canadien. Essai sur les rapports de pouvoir entre les traditions juridiques et la résilience des atavismes identitaires,* Montréal, Éditions Thémis, 2007.

——— « The "Federal Principle" and the Legacy of the Patriation and Quebec Veto References », *Supreme Court Law Review*, vol. 54, 2011.

GÉLINAS Fabien, « Les conventions, le droit et la Constitution du Canada dans le Renvoi sur la "sécession" du Québec : le fantôme du rapatriement », *Revue du Barreau*, vol. 57, 1997.

HART Herbert Lionel Adolphus, *The Concept of Law*, Oxford, Oxford University Press, 2e éd., 1994.

HOWES David, « From Polyjurality to Monojurality: The Transformation of Quebec Law, 1875-1929 », *McGill Law Journal*, vol. 32, 1987.

JESTAZ Philippe, « Source délicieuse... Remarques en cascades sur les sources du droit », *Revue trimestrielle de droit civil*, vol. 92, 1993.

KARAZIVAN Noura et GAUDREAULT-DESBIENS Jean-François, « On Polyphony and Paradoxes in the Regulation of Securities Within the Canadian Federation », *Canadian Business Law Journal*, vol. 49, n° 1, 2010.

KASIRER Nicholas (dir.), *Le droit civil, avant tout un style ?*, Montréal, Éditions Thémis, 2003.

KELSEN Hans, *Théorie pure du droit*, trad. Charles Eisenmann, Bruxelles-Paris, Bruylant-LGDJ, 1999.

KOMMERS Donald P. et RUSSEL A. Miller, *The Constitutional Jurisprudence of the Federal Republic of Germany*, Durham, Duke University Press, 3e éd. revue et augmentée, 2012.

LA PORTA Rafael, LOPEZ-DE-SILANES Florencio et SCHLEIFER Andrei, « The Economic Consequences of Legal Origins », *Journal of Economic Literature*, vol. 46, 2008.

LECKEY Robert, « Territoriality in Canadian Administrative Law », *University of Toronto Law Journal*, vol. 54, 2004.

LECLAIR Jean, « Canada's Unfathomable Unwritten Constitutional Principles », *Queen's Law Journal*, vol. 27, 2001-2002.

LEGRAND Pierre, *Le droit comparé*, Paris, Presses universitaires de France, 1999.

LE ROY Étienne, « Norme », in André-Jean Arnaud *et al.* (dir.), *Dictionnaire encyclopédique de théorie et de sociologie du droit*, Paris, LGDJ, 1993.

MARMOR Andrei, *Social Conventions: From Language to Law*, Princeton, Princeton University Press, 2009.

MERRYMAN John Henry, « Comparative Law Scholarship », *Hastings International and Comparative Law Review*, vol. 21, 1998.

MORIN Michel, « Des juristes sédentaires ? L'influence du droit anglais et du droit français sur l'interprétation du Code civil du Bas-Canada », *Revue du Barreau*, vol. 60, 2000.

MORVAN Patrick, *Les principes de droit privé*, Paris, Éditions Panthéon-Assas, 1999.

PERELMAN Charles, *Logique juridique. Nouvelle rhétorique*, Paris, Dalloz, 2e éd., 1979.

PERRY Stephen R., « Judicial Obligation, Precedent and the Common Law », *Oxford Journal of Legal Studies*, vol. 7, 1987.

POIRIER Johanne, « Les ententes intergouvernementales et la gouvernance fédérale : aux confins du droit et du non-droit », in Jean-François Gaudreault-DesBiens et Fabien Gélinas (éd.), *The Moods and States of Federalism: Governance, Identity, and Methodology / Le fédéralisme dans tous ses états*, Bruxelles-Cowansville, Éditions Bruylant-Éditions Yvon Blais, 2005.

POLANYI Michael, *The Tacit Dimension*, Chicago, University of Chicago Press, 1966.

POOLE Thomas, « Back to the Future? Unearthing the Theory of Common Law Constitutionalism », *Oxford Journal of Legal Studies*, vol. 23, 2003.

ROACH Kent, *The Supreme Court on Trial: Judicial Activism or Democratic Dialogue*, Toronto, Irwin Law, 2001.

ROULAND Norbert et BENOIST Jean, *Voyages aux confins du droit. Entretiens*, Aix-en-Provence, Presses universitaires d'Aix-Marseille, 2012.

SAMUEL Geoffrey, « Can the Common Law Be Mapped? », *University of Toronto Law Journal*, vol. 55, 2005.

STAMATIS Constantin M., *Argumenter en droit. Une théorie critique de l'argumentation juridique*, Paris, Publisud, 1995.

STRAUSS David A., « Common Law Constitutional Interpretation », *University of Chicago Law Review*, vol. 63, 1996.

THIBIERGE Catherine (dir.), *La force normative. Naissance d'un concept*, Paris-Bruxelles, LGDJ-Bruylant, 2009.

TUSSEAU G., « Métathéorie de la notion de principe dans la théorie du droit contemporaine. Sur quelques écoles de définition des principes », in Sylvie Caudal (dir.), *Les principes en droit*, Paris, Economica, 2008.

VAN DE KERCHOVE Michel, « Le sens clair d'un texte : argument de raison ou d'autorité ? », in Guy Haarsher et Léon Ingber (dir.), *Arguments d'autorité et arguments de raison en droit*, Bruxelles, Éditions Némésis, 1988.

WALDRON Jeremy, « Identité culturelle et responsabilité civique », *Revue de philosophie et de sciences sociales*, n° 1, 2000.

WALTERS Mark D., « The Common Law Constitution in Canada: Return of Lex Non Scripta as Fundamental Law », *University of Toronto Law Journal*, vol. 51, 2001.

WEINRIB Ernest, « Two Conceptions of Remedies », in Charles E. F. Rickett (éd.), *Justifying Private Law Remedies*, Oxford, Hart Publishing, 2008.

WEIR Tony, « The Staggering March of Negligence », in Peter Cane et Jane Stapleton (éd.), *The Law of Obligations: Essays in Celebration of John Fleming*, New York, Oxford University Press, 1998.

WITTGENSTEIN Ludwig, *Investigations philosophiques*, Paris, Gallimard, 1961.

—— *Tractatus Logico-Philosophicus*, Paris, Gallimard, n° 5.6, 1961.

ZAGREBELSKY Gustavo, « Ronald Dworkin's Principle-Based Constitutionalism: An Italian Point of View », *I-CON*, vol. 1, 2003.

5

Fondements et limites de la reconnaissance judiciaire des cultures juridiques autochtones au Canada[*]

Ghislain OTIS

Le « bijuridisme », c'est-à-dire la cohabitation en droit privé des traditions de *common law* et de droit civil, est une des caractéristiques fondamentales et bien connue du droit au Canada. À la faveur de ce voisinage séculaire, les opérateurs juridiques ont depuis longtemps été amenés à débattre des interactions voire des métissages qu'il convient ou non de favoriser entre ces grandes cultures[1]. Le professeur Gaudreault-DesBiens concluait d'ailleurs récemment que « plusieurs obstacles ont historiquement empêché l'éclosion d'un véritable dialogue entre la *common law* et le droit civil au Canada[2] ».

---

* Ce texte est tiré substantiellement d'articles que l'auteur a publiés au cours des dernières années et qui sont cités plus loin.

1. Voir notamment Jean-François Gaudreault-DesBiens, *Les solitudes du bijuridisme au Canada*, Montréal, Thémis, 2007 ; Aline Grenon, « Codes et codification : un dialogue avec la Common law ? », *Cahiers de Droit*, vol. 46, n° 1-2, 2005, p. 53.
2. Jean-François Gaudreault-DesBiens, *op. cit.*, p. 145.

La dualité juridique néo-européenne fait souvent oublier que l'arrivée des Européens en Amérique du Nord a aussi mis en contact des univers juridiques profondément différents, savoir les cultures indigènes – de tradition chtonique[3] – et les cultures occidentales de droit romaniste dans les territoires « découverts » par la France et l'Espagne, ou encore de *common law* dans ceux annexés par la Grande-Bretagne. Au début de la colonisation, l'État n'a pu imposer le droit occidental à des sociétés indigènes dont le soutien militaire et commercial était un enjeu déterminant dans la rivalité des couronnes française et anglaise en Amérique du Nord. Cependant, sitôt la domination de la Grande-Bretagne acquise et le mouvement de peuplement exogène massivement enclenché, le colonisateur n'eut de cesse d'étendre formellement son droit – tenu pour supérieur – aux populations autochtones. Contrairement aux pratiques observées ailleurs dans l'empire britannique, Londres n'a pas systématiquement validé un véritable statut personnel autochtone de droit coutumier relevant de la compétence de tribunaux autochtones ou tribaux encadrés par le droit étatique[4].

Jusqu'à récemment, exception faite de quelques dispositions législatives éparses incorporant la « coutume » à des fins très spécifiques et limitées[5], une des rares manifestations claires

---

3. Glenn a regroupé sous la rubrique « chtonique » la vaste gamme des cultures juridiques des peuples premiers, voir H. Patrick Glenn, *Legal Traditions of the World: Sustainable Diversity in Law*, Oxford, Oxford University Press, 4e éd., 2010.
4. Pour un rappel de la pratique coloniale britannique en Afrique, voir notamment Antony N. Allot, « What Is to Be Done with African Customary Law? The Experience of Problems and Reforms in Anglophone Africa from 1959 », *Journal of African Law*, vol. 28, 1984, p. 56.
5. Pour les fins de la détermination du statut d'Indien, la *Loi sur les Indiens* définit le terme « enfant » comme comprenant « les enfants adoptés selon la coutume » (art. 2). De même, le « conseil de bande » comprend dans certains cas les dirigeants choisis « selon la coutume de la bande » (art. 2). Le terme « coutume », dans ce contexte, n'exprime pas nécessairement l'ancienneté ni l'oralité d'une norme, mais simplement son caractère consensuel au sein de la communauté. Voir Ghislain Otis, « Élection, gouvernance traditionnelle et droits

d'une réception explicite des droits dits « coutumiers » se donnait à voir dans quelques décisions des tribunaux des Territoires du Nord-Ouest traitant du mariage et de l'adoption[6]. Il convient de relever le fait que ces décisions ont été rendues dans la zone nordique et arctique du pays, caractérisée par un fort peuplement autochtone et un isolement géographique de nature à entraver l'accès aux institutions de droit étatique[7]. Elles n'ont pas d'emblée fait jurisprudence sur l'ensemble du territoire méridional canadien où se trouve concentrée la population de peuplement exogène. Aujourd'hui, une seule entité fédérée – la Colombie-Britannique – et les territoires fédéraux se sont dotés d'une loi donnant effet à l'adoption coutumière autochtone[8].

Malgré la façade moniste du droit officiel, la coutume a toutefois continué de régir – tout en s'adaptant au changement – la vie d'un grand nombre d'autochtones, notamment dans la sphère familiale[9].

La reconnaissance constitutionnelle des droits des peuples autochtones en 1982 a néanmoins induit une dynamique plus favorable, du moins à première vue, à la reconnaissance et à la mise en œuvre de la pluralité juridique. Le thème du dialogue des cultures juridiques a en effet pris récemment une tournure nouvelle et plus complexe avec l'irruption des peuples

---

fondamentaux chez les peuples autochtones du Canada », *McGill Law Journal*, vol. 49, n° 2, 2004, p. 402-403.

6. Norman Zlotkin, « Judicial Recognition of Aboriginal Customary Law in Canada: Selected Marriage and Adoption Cases », *Canadian Native Law Reporter*, vol. 4, 1984, p. 1.
7. Sébastien Grammond, *Aménager la coexistence, les peuples autochtones et le droit canadien*, Bruxelles-Montréal, Bruylant-Yvon Blais, 2003, p. 288-289.
8. Cindy L. Baldassi, « The Legal Status of Aboriginal Customary Adoption Across Canada: Comparisons, Contrasts, and Convergences », *UBC Law Review*, vol. 39, 2006, p. 63.
9. Voir par exemple les constatations d'un groupe de travail relatives à l'ampleur du phénomène des adoptions coutumières au Québec, Ministère de la Justice, Québec, *Rapport du groupe de travail sur le régime québécois de l'adoption : pour une adoption québécoise à la mesure de chaque enfant*, 30 mars 2007, disponible en ligne : https://www.justice.gouv.qc.ca/français/publications/rapports/pdf/adoption-rap.pdf

autochtones sur la scène constitutionnelle et la demande de reconnaissance de leurs traditions juridiques[10]. Cette revendication est en voie de devenir un des enjeux de la coexistence des cultures juridiques au Canada. Comment enfin reconnaître qu'il existe en réalité au Canada une pluralité de traditions juridiques fondatrices ? Quelle relation est en voie de s'établir entre les cultures juridiques autochtones et non autochtones, et quel sera le rôle des juges dans la mise en place de cette relation ? Ce texte tente de répondre à ces questions.

Une tradition de monisme judiciaire en voie d'atténuation

Le droit canadien n'a jamais reconnu ou constitué de tribunaux indigènes dont les juges auraient eu pour mission, au moins en certaines matières, de dire le droit traditionnel ou coutumier dans le contentieux entre les autochtones. Les personnes appartenant aux peuples autochtones évoluent au sein du même système de justice que l'ensemble de la population canadienne et québécoise. Les juridictions étatiques ordinaires sont compétentes à l'égard des autochtones aux fins de l'application de toute loi ou règle de droit issue de l'ordre étatique ou reconnue par lui. Comme le démontre d'emblée la jurisprudence relative à l'adoption, même un conflit entre des particuliers mettant en cause une norme coutumière devra ultimement être porté devant le juge étatique dans la mesure où les justiciables autochtones voudront se prévaloir d'une décision de justice ayant valeur exécutoire au regard de la loi[11].

---

10. Pour une description sommaire de certaines traditions juridiques autochtones du Canada, voir John Borrows, *Canada's Indigenous Constitution*, Toronto, University of Toronto, 2010 ; Commission du droit du Canada, *La justice en soi : les traditions juridiques autochtones*, Ottawa, 2006.
11. Il est vrai qu'en présence d'un droit ancestral, le pouvoir du groupe d'en aménager l'exercice intra-communautaire devrait comprendre la

L'intervention des juridictions étatiques ou sous tutelle étatique n'est pas sans soulever le problème – emblématique des colonisations juridiques – de la « falsification » du droit autochtone d'origine extra-étatique, de sa captation institutionnelle ou de son alignement sur la norme étatique par des magistrats peu versés dans les traditions juridiques autochtones et peu sensibles à la diversité juridique. Aux yeux de certains observateurs de l'expérience africaine, le supposé « droit coutumier » résultant de ce processus ne serait même qu'un « artefact colonial et post-colonial[12] ». Pour rendre compte des altérations propres à la judiciarisation étatique du contentieux coutumier, Allott a proposé l'expression « *judicial customary law* » désignant

> « *the law recognised by the superior courts, and which might differ substantially from the customary law actually followed by the people whose law it was, and who in theory in a customary-law system can alone give legal recognition to a customary rule*[13] ».

Évoquant pour sa part le rôle des juridictions étatiques dans l'application du droit coutumier en Nouvelle-Calédonie, un auteur parle de la « coutume judiciaire » qu'il définit comme « un droit jurisprudentiel inspiré des normes traditionnelles » ou encore comme « une reconstruction jurisprudentielle du droit traditionnel[14] ».

---

faculté de pourvoir au règlement des conflits entre les membres de la communauté se rapportant à ce droit ancestral, d'où la possibilité d'un recours aux mécanismes communautaires de règlement des différends préalablement à la saisine du juge étatique. Mais ces mécanismes ne pourront évincer les prérogatives des cours supérieures garanties par la Constitution.

12. Étienne Le Roy, *Les Africains et l'Institution de justice, entre mimétismes et métissages*, Paris, Dalloz, 2004, p. 112.
13. Antony N. Allot., art. cit., p. 60.
14. Régis Lafarge, *La coutume judiciaire en Nouvelle-Calédonie, aux sources d'un droit commun coutumier*, Aix-en-Provence, Presses de l'Université d'Aix-Marseille, 2003, p. 27.

Le monisme judiciaire canadien semble appelé à connaître une timide atténuation à la faveur de la conclusion récente de traités d'autonomie gouvernementale, mais il appert que l'expansion du phénomène de la « coutume judiciaire » au Canada ne pourra être évitée[15]. L'*Accord définitif nisga'a*[16] et l'*Accord sur les revendications territoriales des Inuit du Labrador*[17] autorisent en effet les autorités autochtones à constituer, maintenir et organiser des juridictions particulières (la « Cour nisga'a » et la « Cour inuit ») pour l'application des lois autochtones[18]. Il faut en effet savoir que ces accords mettent en place des institutions autochtones autonomes dotées d'attributions législatives et exécutives en certaines matières d'une importance particulière pour les communautés visées.

Divers procédés utilisés dans ces traités viendront tantôt contenir tantôt nier l'autonomie du droit judiciaire et de la justice autochtones par rapport au modèle étatique.

Les accords imposent d'abord au législateur et à la juridiction autochtones le respect des principes d'indépendance judiciaire, d'impartialité et d'équité[19]. Si on s'en était tenu à cet encadrement normatif général, il aurait été possible d'y voir une méthode souple d'harmonisation pleinement compatible avec un certain pluralisme respectueux des cultures juridiques autochtones. Énoncer des principes directeurs communs aux droits étatique et autochtone, tout en laissant aux institutions autochtones une ample latitude dans l'aménagement du régime précis

---

15. Ghislain Otis, « La place des cultures juridiques et des langues autochtones dans les traités d'autonomie gouvernementale au Canada », *McGill Law Journal*, vol. 54, 2009, p. 237.
16. Entré en vigueur en mai 2000, en ligne : Affaires indiennes et du Nord Canada, http://www.fngovernance.org/pdf/constitutions/Nisga'a_constitution.pdf
17. Entré en vigueur le 1er décembre 2005, art. 17.8.1, voir http://www.ainc-inac.gc.ca/pr/agr/labi/index_f.html
18. Art. 17.31 de l'Accord inuit et art. 12.30 de l'Accord nisga'a. S'agissant de la sphère extrajudiciaire, l'art. 17.31.16 de l'Accord inuit autorise le Gouvernement Nunatsiavut à établir un processus de règlement des différends, auquel les parties pourront recourir sur une base volontaire.
19. Art. 17.31.2 a) de l'Accord inuit et art. 12.33 a) de l'Accord nisga'a.

apte à satisfaire ces principes, aurait en effet favorisé une « harmonisation conçue comme un processus de rapprochement de systèmes juridiques qui restent différents[20] ».

Mais les traités attribuent de surcroît à l'État le pouvoir de contrôler le respect des principes directeurs en lui octroyant un véto sur des aspects majeurs de la législation autochtone. Un tel véto permet à la province d'exiger, si telle est sa politique, une large mesure d'unification hégémonique du droit judiciaire par la transplantation des normes étatiques dans le droit autochtone. Ainsi, la juridiction autochtone ne pourra exercer sa compétence tant que le gouvernement provincial n'en aura approuvé la structure, la procédure et le mode de sélection des juges[21]. De même, les mesures de supervision et les règles pour la destitution des juges devront se conformer de manière générale à celles qui s'appliquent aux juges provinciaux[22]. Le législateur inuit ne pourra adopter d'autres normes de qualification et de compétence judiciaires que celles qui auront été convenues avec les autorités provinciales[23].

On peut s'étonner de ce qui ressemble à une crispation moniste de la part de l'État, surtout lorsque l'on considère que les institutions autochtones sont de toute manière assujetties à la Constitution canadienne, y compris la *Charte canadienne des droits et libertés*, qui garantit le respect de la primauté du droit, de l'indépendance de la magistrature et de la justice fondamentale.

Malgré tout, en supposant un minimum d'ouverture à la diversité juridique de la part des autorités provinciales, certaines normes pourront être adaptées au particularisme autochtone. Par exemple, les traités ne prescrivent pas d'exigences précises

---

20. Mireille Delmas-Marty, *Le pluralisme ordonné*, Paris, Seuil, 2006, p. 99.
21. Art. 17.31.5 et 17.31.6 de l'Accord inuit ; art. 12.34 et 12.35 de l'Accord nisga'a.
22. L'art. 17.31.2 c) de l'Accord inuit parle de règles « raisonnablement comparables à ce que prescrit le *Provincial Court Act, 1991* » et l'art. 12.33 b) de l'Accord nisga'a prévoit que les juges nisga'a relèveront du Conseil de la magistrature de la Colombie-Britannique.
23. Art. 17.31.2b de l'Accord inuit.

relativement à la formation des juges qui composeront les tribunaux autochtones, ni donc celle de leur maîtrise des langues, de la culture et des traditions juridiques autochtones. Rien ne s'opposera, hormis le manque de volonté politique, à ce que les autorités provinciales et autochtones s'entendent pour exiger des candidats à la magistrature autochtone non seulement qu'ils aient été membres du Barreau de la province, mais aussi qu'ils possèdent, ou s'engagent à acquérir, une connaissance suffisante de la langue, de la culture et de la tradition juridique autochtones. Cela paraîtra d'autant plus impérieux que les idiomes autochtones compteront parmi les langues juridiques officielles des institutions autochtones et qu'il faudra donc en principe les connaître pour dire le droit. La nomination des juges étant la prérogative exclusive des autorités autochtones, celles-ci seront à même de s'assurer du respect de ces exigences et de ne faire accéder à la magistrature que les individus les mieux qualifiés[24].

L'Accord nisga'a autorise par ailleurs la cour autochtone à recourir aux services d'aînés qui pourront agir comme assesseurs afin de favoriser le respect des valeurs et des méthodes traditionnelles dans le processus d'adjudication ou de détermination de la peine[25]. En outre, dans la mesure où les principes d'impartialité et d'équité sont respectés, les lois autochtones pourront édicter des règles de preuve modulées en fonction du contexte culturel propre à la gouvernance autochtone[26]. Un régime *sui generis* a d'ailleurs été prévu dans la Constitution inuit pour l'admission et l'administration de la preuve de la coutume inuit[27].

Il reste que, en dépit d'un certain potentiel pluraliste, les juridictions autochtones sont entièrement intégrées à l'organisation

---

24. Art. 17.31.7 de l'Accord inuit et art. 12.37 de l'Accord nisga'a.
25. Art. 12.41 d) de l'Accord nisga'a.
26. Art. 17.31.3 de l'Accord inuit. L'Accord nisga'a ne mentionne pas expressément les pouvoirs relatifs à la preuve mais ceux-ci font partie du pouvoir général de créer une cour nisga'a pour l'administration des lois nisga'a.
27. Voir les art. 9.1.7 et 9.1.8 de la Constitution inuit (http://www.nunasiavut.com/pdfs/Constitution.pdf).

judiciaire du pays, dont elles occupent d'ailleurs un échelon inférieur par rapport aux juridictions étatiques ordinaires que sont la Cour supérieure et la Cour d'appel. Les affaires initialement tranchées par le juge autochtone pourront donc se retrouver par la suite devant des magistrats étatiques habilités à dire le droit autochtone, y compris le droit coutumier le cas échéant, sans connaître les langues ni les cultures juridiques autochtones[28]. Le système juridictionnel conserve de la sorte un caractère essentiellement unitaire, propice au développement d'une variante canadienne du « droit coutumier judiciaire », cette espèce juridique hybride issue d'un dialogue entre la juridiction autochtone et le juge étatique.

Notons que les pouvoirs autochtones issus des traités d'autonomie n'ont pas à ce jour exercé leur pouvoir de créer une juridiction autochtone et que le juge ordinaire reste encore le seul à trancher les litiges de droit autochtone entre les autochtones.

L'ouverture récente au pluralisme juridique

On peut aujourd'hui constater que le droit canadien, après une longue période de refoulement des droits autochtones, s'ouvre avec circonspection à la coexistence, au sein de l'ordre étatique, des droits occidentaux et des systèmes juridiques autochtones[29]. L'organisation de cette interaction des cultures juridiques autochtones et non autochtones compte parmi les

---

28. Voir les art. 17.31.21 et 17.31.22 de l'Accord inuit et les art. 12.45 à 12.48 de l'Accord nisga'a.
29. On utilise aussi parfois le vocable « plurijuridisme », voir Jean-Louis Bergel, *Le plurijuridisme*, Aix-en-Provence, Presses universitaires d'Aix-Marseille, 2005. Il importe de préciser d'entrée de jeu que, conformément à l'analyse pluraliste du droit récusant toute prétention de l'État au monopole normatif, la validation étatique des droits autochtones ne saurait être vue comme une condition essentielle de leur juridicité. Jacques Vanderlinden, « Vers une nouvelle conception du pluralisme juridique », *RRJ Droit prospectif*, n° 2, 1993, p. 573-583.

enjeux des nouvelles formes de gouvernance qui émergent notamment sous l'impulsion de la jurisprudence relative aux droits ancestraux reconnus et confirmés par la Constitution canadienne depuis 1982[30], mais aussi à la faveur de la conclusion d'accords d'autonomie gouvernementale avec certains peuples autochtones. Il sera d'abord brièvement question de quelques-uns de ces accords.

La place des cultures juridiques autochtones dans les accords d'autonomie

Ces ententes, dont certaines ont valeur de « traité » et jouissent donc depuis 1982 d'une protection constitutionnelle, ont été l'occasion de réfléchir à la mise en œuvre de formes plus poussées de pluralisme juridique. Au moment de définir les sources du droit autochtone contemporain, le rôle de la coutume a été un enjeu symbolique et pratique de grande importance.

Les ententes n'investissent pas toutes le référent coutumier de la même charge normative. Ainsi, l'Accord nisga'a mentionne expressément que la coutume nisga'a n'est pas une source formelle de droit[31]. Seule la loi votée par le législateur nisga'a et la législation déléguée qui en découle ont vocation à exprimer le droit nisga'a dans le cadre de l'Accord. En revanche, ce dernier confère un rôle de conseil à des institutions traditionnelles[32] dans le processus législatif, notamment pour

---

30. Le par. 35(1) de la *Loi constitutionnelle de 1982* dispose que : « Les droits existants – ancestraux ou issus de traités – des peuples autochtones du Canada son reconnus et confirmés ».
31. En fait, la définition du terme « loi » contenue dans l'Accord précise « qu'elle ne comprend pas les Ayuukhl Nisga'a ou les Ayuuk » qui sont les pratiques et les lois traditionnelles de la nation nisga'a, voir *Accord définitif nisga'a*, p. 8. Voir également l'art. 62 de la Constitution nisga'a (http://www.fngovernance.org/pdf/constitutions/Nisga'a_constitution.pdf).
32. Aux termes de l'art. 27 de la Constitution nisga'a, un « Conseil des anciens » est constitué et composé des chefs héréditaires (Simgigat), des matriarches héréditaires (Sigidimhaanak) et d'aînés jouissant du respect de la communauté.

l'interprétation des Ayuuk qui sont les lois traditionnelles nisga'a[33]. Ces lois devraient d'autant plus inspirer le législateur que la Constitution des Nisga'a les engage à respecter « *the authority of our Ayuuk and the wisdom of our elders*[34] ». Rien dans le traité ne s'oppose par ailleurs à ce que la loi nisga'a incorpore la coutume par renvoi dès lors que les dispositions du traité sont respectées.

L'*Accord définitif tlicho*[35] reconnaît quant à lui aux coutumes de la première nation taîchô un rôle en certaines matières bien précises. Outre l'adoption coutumière, qui est expressément validée aux fins de la détermination du statut des personnes taîchôs[36], et la prise en compte des coutumes dans les affaires relatives à la garde d'enfants[37], la loi taîchô pourra prévoir des sanctions compatibles avec « la culture et les coutumes de la Première nation taîchô », et ces mêmes coutumes devront être prises en considération dans la poursuite des infractions aux lois taîchôs et dans l'application de ces lois par les tribunaux étatiques[38]. Il appert que des principes associés au droit traditionnel serviront non seulement de référence pour élaborer le contenu de certaines lois, mais feront également office de droit supplétif dans leur application. Par ailleurs, la culture juridique taîchô pourra de manière générale guider la vie constitutionnelle taîchô puisque la tradition orale porteuse de cette culture servira à l'interprétation de la Constitution taîchô[39].

L'affirmation la plus résolue de la vitalité du droit coutumier dans l'ordre juridique autochtone se trouve cependant dans l'Accord inuit qui permet aux Inuit du Labrador de prévoir dans

---

33. Voir l'al. 11. 9i) de l'Accord.
34. Voir l'al. 2(2) de la Constitution nisga'a.
35. Entré en vigueur le 4 août 2005. On trouve le texte de l'Accord sur le site internet des Affaires indiennes et du Nord Canada : http://www.ianc-inac.gc.ca/pr/agr/nwts/tliagr2_f.pdf
36. Voir ch. 1 de l'Accord, définitions de « peuple tâicho », « tâicho » et « votant admissible ».
37. Art. 7.6.2 de l'Accord.
38. Art. 7.6.3 et 7.6.4 de l'Accord.
39. Art. 18.1 de la Constitution taîchô (http://www.tlicho.com/constitution/tlicho_constitution.pdf).

leur Constitution « la reconnaissance du droit coutumier des Inuit et l'application du droit coutumier des Inuit aux Inuit concernant toute matière qui relève de la compétence et de l'autorité du Gouvernement Nunatsiavut[40] ». Le constituant inuit s'est prévalu de ce pouvoir pour énoncer que le « droit coutumier des Inuit[41] » constitue « le droit commun fondamental des Inuit du Labrador » (« *the underlying law of the Labrador Inuit and of Nunatsiavut* ») dans les domaines qui relèvent de la compétence du Gouvernement Nunatsiavut[42]. En conséquence, le droit coutumier s'appliquera aux Inuit en l'absence de loi inuit régissant une situation donnée ; il coexistera avec la loi inuit qui ne lui est pas contraire et prévaudra, en cas de conflit avec la norme législative, à moins que le législateur inuit n'ait pris la précaution d'évincer expressément la coutume[43]. Le législateur inuit pourra en outre rédiger la coutume et lui donner force de loi[44]. Mais en l'absence d'une telle « codification », la coutume s'impose aux autorités administratives et aux juges dès lors que la preuve de son existence et de son contenu est apportée en tant que question de fait[45].

C'est là un des exemples les plus remarquables d'une volonté de réhabilitation d'une normativité tenue pour singulièrement autochtone même si le droit inuit se trouve par ailleurs astreint au respect de diverses normes et principes directeurs prévus dans l'Accord[46].

---

40. Voir l'art. 17.3.4 e) de l'Accord.
41. L'art. 9.1.1 de la Constitution définit le droit coutumier des Inuit du Labrador dans les termes suivants : « *The customs, traditions, observances, practices and beliefs of the Inuit of Labrador which, despite changes over time, continue to be accepted by Labrador Inuit as establishing standards or procedures that are to be respected by Labrador Inuit are the customary laws of the Labrador Inuit and are referred to as Labrador Inuit customary law* ».
42. Art. 17.3.4 e) de l'Accord et art. 9.1.2 de la Constitution.
43. Art. 9.1.4 de la Constitution.
44. Art. 9.1.5 de la Constitution.
45. Art. 9.1.6 b) de la Constitution.
46. Parmi les contraintes les plus notables, mentionnons celle qui exige le respect de la Charte canadienne des droits et libertés, voir l'art. 2.18.1 de l'Accord.

Bien qu'elles n'accordent pas toutes le même statut à la coutume vivante, les nouvelles constitutions autochtones en font une source matérielle ou formelle de droit. À la faveur de cette mobilisation d'un droit autochtone d'origine extra-étatique, on assistera à n'en pas douter à des mesures expérimentales de rénovation du droit traditionnel et d'hybridation des droits indigène et occidental. Cette entreprise de construction d'un droit à la fois nouveau et ancré dans la tradition, bref un droit manifestant un dialogue des cultures juridiques, reviendra au premier chef à la communauté dont les pratiques et les aspirations contemporaines fourniront la matière normative de base.

S'il survient un conflit sur le sens ou la portée de ce droit – coutumier ou inspiré de la coutume –, et que ce conflit reste irrésolu par les voies informelles, la possibilité de saisir le juge pour trancher fera de ce dernier un acteur potentiel du dialogue induit par les autorités autochtones. Plus la législation autochtone commandera la rencontre et le croisement des principes, plus le rôle du juge dans ce dialogue sera important.

Le rôle du droit autochtone extra-étatique dans le régime des droits ancestraux

Puisque la loi fondamentale confirme, à l'article 35 de la *Loi constitutionnelle de 1982*, les droits ancestraux des peuples autochtones sans les définir, il revient ultimement aux juges de trancher tout litige portant sur leur source, leur nature et leur portée. Fortement sollicités, notamment en raison des dysfonctionnements du processus de négociation politique, les juges font un travail de pionnier, selon une méthode expérimentale, à partir de matériaux juridiques bruts et rudimentaires sans pouvoir puiser à un corpus jurisprudentiel et doctrinal issu d'une longue expérience pratique. La première question soulevée par la définition des droits ancestraux protégés par la Constitution a été celle de la source juridique de ces droits et donc celle du rôle des cultures juridiques autochtones dans l'identification de ces droits.

Faut-il puiser dans le droit étatique les principes et les règles servant à donner un sens à ces droits aujourd'hui ou interroger les systèmes juridiques autochtones si longtemps ignorés et marginalisés ? Faut-il plutôt puiser à la fois au droit occidental et au droit originellement autochtone pour concilier autant que possible leur conception respective du rapport entre les autochtones et la société dominante ? La question des droits ancestraux a, en d'autres termes, posé la question de la coexistence et de l'interaction des cultures juridiques autochtones et non autochtones au Canada. Les juges ont joué un rôle clé qui, à ce jour, a favorisé la primauté du droit étatique et le parallélisme des cultures juridiques plutôt que leur dialogue.

L'article 35 de la *Loi constitutionnelle de 1982* « reconnaît et confirme » les droits ancestraux des peuples autochtones. La terminologie employée par le constituant n'est pas fortuite, car le principe de « reconnaissance » suppose que le droit étatique rend légitime et effective une situation préexistante[47]. C'est ainsi que les droits ancestraux ne puisent pas leur source dans une concession ou une attribution de l'État mais dans la validation par celui-ci de droits dont les origines lui sont en principe étrangères[48]. La Cour suprême a par exemple consacré sans ambages le fondement pré-étatique du titre foncier ancestral qui est dès lors tenu pour originaire, ou encore « inhérent », par opposition aux droits fonciers des autres citoyens qui ne peuvent être, en principe, que dérivés du titre de la Couronne[49].

---

47. « Reconnaissance : 1. Acte par lequel une personne déclare tenir pour établie une situation de fait ou de droit préexistante qui la concerne » : Hubert A. Reid, *Dictionnaire de droit québécois et canadien*, Montréal, Wilson & Lafleur, 2e éd., 2001, p. 467.
48. *Bande indienne Wewaykum* c. *Canada*, [2002] 4 R.C.S. 245, par. 75.
49. Selon la Cour suprême, « [l]e titre aborigène a un caractère *sui generis* parce qu'il découle d'une possession antérieure à l'affirmation de la souveraineté britannique, tandis que les domaines ordinaires, comme le fief simple, ont pris naissance par la suite ». Le plus haut tribunal canadien ajoute que « le titre aborigène existait avant la colonisation par les Britanniques et a continué d'exister après les revendications de souveraineté britanniques » : voir *Delgamuukw* c. *Colombie-Britannique*, [1997] 3 R.C.S. 1, par. 114. Voir aussi, notamment, *Guérin* c. *La Reine*, [1984] 2 R.C.S. 335, p. 378.

Cependant, cela revient-il à admettre la reconduction dans la sphère étatique de l'ordre juridique d'origine précoloniale qui définirait encore aujourd'hui les attributs et la portée des droits des autochtones ? Des auteurs ont défendu l'idée de lier la réception des droits ancestraux au principe ancien du droit impérial britannique, exprimé dans l'affaire *Campbell* v. *Hall*[50], voulant que le droit en vigueur dans certains territoires intégrés au domaine de la Couronne – la *lex loci* – continue de s'appliquer sous réserve de l'ordre public ou d'un acte formel exprimant la volonté contraire du souverain[51]. Selon ce point de vue, souvent appelé *principe de continuité*[52], la Constitution ne ferait que maintenir en vigueur en droit canadien le droit originellement autochtone d'origine précoloniale, bien que ce dernier ait pu évoluer au gré des mutations des sociétés autochtones elles-mêmes. Il suffirait dès lors, pour circonscrire la teneur des droits ancestraux, d'interroger les règles issues des régimes préétatiques[53].

---

50. *Campbell* v. *Hall*, (1774) 1 Cowp. 204, 98 E.R. 848 (K.B.).
51. Mark D. Walters, « The "Golden Thread" of Continuity: Aboriginal Customs at Common Law and Under the Constitution Act, 1982 », *McGill Law Journal*, vol. 44, 1999, p. 711 ; Russel Lawrence Barsh, « Indigenous Rights and the Lex Loci in British Imperial Law », in Kerry Wilkins (éd.), *Advancing Aboriginal Claims: Visions, Strategies, Directions*, Saskatoon, Purich Publishing, 2004, p. 91.
52. Kent McNeil, *Common Law Aboriginal Title*, Oxford, Clarendon Press, 1989, p. 179-192. L'arrêt invariablement invoqué au soutien de la doctrine de continuité fut rendu dans l'affaire *Tijani* v. *Secretary, Southern Nigeria*, [1921] 2 A.C. 399, qui porte sur les droits fonciers des indigènes dans les colonies britanniques d'Afrique de l'Ouest.
53. La majorité de la High Court de l'Australie souscrit au principe de continuité dans l'affaire *Mabo* v. *Queensland [No. 2]*, (1992) 175 C.L.R. 1. Ainsi, le juge Brennan déclare (p. 58) : « *Native title has its origin in and is given its content by the traditional laws acknowledged by and the traditional customs observed by the indigenous inhabitants of a territory. The nature and incidents of native title must be ascertained as a matter of fact by reference to those laws and customs.* » Voir également les motifs des juges Deane et Gaudron, notamment à la page 88, où l'on peut lire : « *Since the title preserves entitlement to use or enjoyment under the traditional law or custom of the relevant territory or locality, the contents of the rights and the identity of those entitled to enjoy them must be ascertained by*

Par exemple, le rôle du tribunal appelé à connaître d'une revendication de titre foncier ancestral consisterait à décider si, au regard du droit autochtone incorporé dans le droit canadien, la partie autochtone peut prétendre à la maîtrise foncière revendiquée. Il s'agirait d'une manifestation de ce que les théoriciens du droit appellent le « pluralisme juridique étatique », c'est-à-dire une situation où le droit autochtone se trouve « adopté et respecté par les institutions étatiques[54] ».

Certains passages de la jurisprudence de la Cour suprême pourraient donner à penser que le droit étatique n'a fait, effectivement, que reconduire, par-delà l'avènement de la Couronne, les lois autochtones d'origine précoloniale. Ainsi, dans l'affaire *Mitchell* c. *M.N.R.*, la juge en chef McLaughlin, avec l'appui de la majorité des juges, décrit dans les termes suivants le fondement des droits ancestraux dans le droit colonial britannique :

> « Le droit anglais, qui a fini par régir les droits des peuples autochtones, acceptait que les Autochtones possédaient des lois et des intérêts préexistants, et reconnaissait leur maintien s'ils n'étaient pas éteints par la cession, la conquête ou la loi [...] l'établissement des Européens n'a pas mis fin aux intérêts des peuples autochtones qui découlaient de leur occupation et de leur utilisation historiques du territoire. Au contraire, les intérêts et les lois coutumières autochtones étaient présumés survivre à

---

reference to that traditional law or custom. » Voir également *The Wik Peoples* v. *Queensland*, (1997) 71 A.L.J.R. 173 (H.C.).

54. G.R. Woodman, « Droit comparé général », in Wanda Capeller et Takanori Kitamura (dir.), *Une introduction aux cultures juridiques non occidentales*, Bruxelles, Bruylant, 1998, p. 129. Dans l'affaire *Mabo* v. *Queensland [No. 2]*, précitée, par. 70, les juges Deane et Gaudron expliquent ainsi la démarche à laquelle doit s'astreindre le juge en présence d'une revendication foncière autochtone fondée sur les droits préexistants : « *What the common law required was that the interest under the local law or custom involve an established entitlement of an identified community, group or (rarely) individual to the occupation and use of particular land and that that entitlement to occupation or use be of sufficient significance to establish a locally recognized special relationship between the particular community, group or individual and that land.* »

l'affirmation de souveraineté, et ont été incorporés dans la *common law* en tant que droits, sauf si : (1) ils étaient incompatibles avec l'affirmation de la souveraineté de la Couronne ; (2) ils avaient été cédés volontairement par traité ; ou (3) le gouvernement les avait éteints : voir B. Slattery, "Understanding Aboriginal Rights" (1987), 66 *R. du B. can.* 727. En dehors de ces exceptions, les pratiques, coutumes et traditions qui définissaient les diverses sociétés autochtones comme des cultures distinctives continuaient de faire partie du droit canadien[55]. »

La juge en chef mentionne plus loin « le principe de la continuité qui a régi l'absorption des lois et coutumes autochtones dans le nouveau régime juridique dès l'affirmation de la souveraineté de la Couronne sur la région[56] ». Or il existe un indéniable décalage entre le discours de la pérennité des lois autochtones et la méthode invariablement utilisée par la Cour suprême, y compris dans l'affaire *Mitchell* précitée, pour définir les droits ancestraux.

Les régimes autochtones ne pourront être considérés comme une véritable source formelle des droits ancestraux que si le rôle du droit étatique se résume à conférer pleine validité à ces régimes dans le droit positif, de manière à les rendre obligatoires pour les institutions ayant pour mission d'appliquer ce droit. Comme il y aurait alors réception par renvoi du droit autochtone dans le droit étatique, le tribunal appelé à connaître d'une revendication de droit ancestral serait tenu, pour trancher, de s'en remettre aux prescriptions du régime autochtone préexistant. En d'autres termes, pour que le contenu et les conditions d'existence des droits ancestraux soient véritablement définis par les régimes autochtones pré-étatiques, il faudrait d'abord que la référence à ces régimes soit tenue pour nécessaire par le tribunal et que ce dernier s'y rapporte de manière explicite et méthodique ; il

55. *Mitchell* c. *Ministère du Revenu National*, [2001] 1 R.C.S. 911, par. 9-10.
56. *Ibidem*, par. 62.

faudrait en plus que cette référence soit en principe suffisante sous réserve de dérogations exceptionnelles.

Or ce n'est pas ainsi que travaille la Cour suprême, qui ne confine nullement l'ordre étatique à un simple rôle de réceptacle passif des systèmes juridiques autochtones[57]. Pour la plus haute juridiction canadienne, le contenu des droits ancestraux ne doit pas être arrêté en fonction des droits existant dans l'ordre juridique autochtone originaire, mais à la lumière du but singulier de la reconnaissance des droits ancestraux dans l'ordre étatique, lequel but est défini comme suit par la Cour suprême dans l'affaire *Van der Peet* :

> « [...] la meilleure façon de décrire les droits ancestraux reconnus et confirmés par le par. 35(1) est de dire qu'ils sont, premièrement, le moyen par lequel la Constitution reconnaît le fait qu'avant l'arrivée des Européens en Amérique du Nord le territoire était déjà occupé par des sociétés autochtones distinctives, et, deuxièmement, le moyen de concilier cette occupation antérieure avec l'affirmation par Sa Majesté de sa souveraineté sur le territoire canadien. Le contenu des droits ancestraux doit viser la réalisation de ces deux objets[58]. »

On constate d'ailleurs que la Cour suprême a défini les droits ancestraux sans prétendre appliquer, voire sans invoquer un quelconque système juridique autochtone. S'agissant par exemple du titre foncier ancestral, tant ses conditions d'existence que ses attributs ont été établis par les juges sans que ceux-ci prétendent donner effet à un ordre juridique autochtone dont la normativité directe aurait été « continuée » dans la sphère étatique. Nul principe « endogène » ou « originel » tiré d'un régime autochtone particulier n'est mobilisé pour définir le titre en droit étatique comme une maîtrise exclusive et générale,

---

57. Ghislain Otis, « Les sources des droits ancestraux des peuples autochtones », *Cahiers de Droit*, vol. 40, n° 3, 1999, p. 591.
58. *R.* c. *Van der Peet*, [1996] 2 R.C.S. 507, par. 43.

bien qu'elle soit relative, de la terre et du sous-sol[59]. Aucune référence, non plus, aux traditions juridiques ancestrales pour étayer le principe de modulation ou de gradation des droits en fonction de l'intensité d'usage précolonial de la terre qui permet de distinguer le titre, en tant que maîtrise foncière, de simples droits de prélèvement de ressources sur les terres du domaine public à des fins particulières. Les juges élaborent de manière autonome des règles *sui generis* de droit étatique censées contribuer à la réalisation de l'objectif constitutionnel de conciliation.

Si la jurisprudence ne donne pas de place aux régimes coutumiers autochtones dans la définition du contenu et des conditions d'existence des droits ancestraux, ces régimes pourront néanmoins servir de référence utile dans l'application du droit étatique. Ainsi, pour décider si les autochtones ont démontré l'occupation historique requise en droit étatique pour l'acquisition du titre foncier aborigène, le tribunal devra prendre en considération non seulement l'occupation physique mais aussi les modes d'appropriation de la terre reconnus en droit coutumier précolonial et dont la preuve lui aura été faite[60].

Il ne s'agit évidemment pas ici de considérer la référence aux régimes autochtones autrement que comme permettant de satisfaire l'exigence du droit étatique, selon laquelle il doit y avoir eu occupation suffisante des terres au moment de l'affirmation de la souveraineté. Le droit autochtone tient lieu, dans ce contexte, de fait historique et non de source formelle des règles de droit régissant le contenu et les conditions d'existence du titre ancestral, comme le voudrait la théorie de la continuité[61].

---

59. *Delgamuukw* c. *Colombie-Britannique*, *op. cit.*, par. 117.
60. Ainsi, le juge en chef Lamer écrit dans l'affaire *Delgamuukw* c. *Colombie-Britannique*, précitée, par. 148 : « si, au moment de l'affirmation de la souveraineté, une société autochtone avait des règles de droit concernant le territoire, ces règles seraient pertinentes pour prouver l'occupation des terres visées par la revendication d'un titre aborigène. Les règles de droit pertinentes pourraient notamment inclure un régime de tenure foncière ou des règles régissant l'utilisation des terres ».
61. Cela semble admis par un tenant de cette théorie qui note, à juste titre, que « *while Aboriginal law can be used as evidence of exclusive occupation, the content of Aboriginal title is not determined by that*

Si la source formelle des règles relatives au contenu et aux conditions d'existence des droits ancestraux se trouve dans le droit étatique, c'est bien du côté du « droit autochtone » qu'il faut se tourner principalement pour repérer les règles organisant l'*exercice* par un groupe des droits ancestraux qui lui sont reconnus par le droit étatique. Par « droit autochtone », il faut ici entendre l'ensemble des règles produites par une collectivité autochtone particulière en tant que corps normatif différencié.

Il importe en effet de bien saisir que le régime des droits ancestraux, laborieusement configuré par la Cour suprême, induit une logique autonomique même si l'approche généralement restrictive de la Cour dans la définition de ces droits vient limiter le champ de cette autonomie[62]. La clef de l'autonomie intrinsèque aux droits ancestraux réside dans la règle fondamentale voulant que seule la communauté, par opposition aux individus qui la composent, puisse revendiquer et détenir un droit ancestral[63], qui est par conséquent un « droit de groupe » au sens fort du terme. Les conditions d'individualisation de l'exercice d'un droit ancestral seront réglées par la collectivité, seule titulaire du droit et donc seule habilitée à en organiser la mise en œuvre intracommunautaire. Par exemple, si un groupe autochtone possède un droit ancestral de prélèvement forestier à des fins de subsistance – un droit défini par le juge –, il incombera au groupe lui-même de fixer les conditions et les modalités

law » : Kent McNeil, « Aboriginal Rights in Canada: From Title to Land to Territorial Sovereignty », *Tulsa Journal of Comparative and International Law*, vol. 5, 1998, p. 289.

62. À ce jour, la démarche de la haute juridiction consiste à ne considérer les droits ancestraux que comme la manifestation contemporaine, ou encore comme une évolution logique, du rapport précolonial à la terre ou de pratiques que les juges considèrent comme faisant partie intégrante de la culture distinctive du groupe héritée des ancêtres précoloniaux, voir notamment *Van der Peet*, *op. cit.* ; *Mitchell*, *op. cit.* ; *R.* c. *Sappier* ; *R.* c. *Gray*, [2006] CSC 54.

63. *R.* c. *Sparrow*, [1990] 1 R.C.S. 1075 ; *Delgamuukw*, *op. cit.*, par. 115 ; *Paul* c. *Colombie-Britannique*, [2003] 2 R.C.S. 585, par. 36 ; *R.* c. *Powley*, [2003] 2 R.C.S. 207, par. 24 ; *Sappier* ; *R.* c. *Gray*, [2006] CSC 54, par. 26.

selon lesquelles ses membres pourront effectivement faire ces prélèvements.

Le droit ancestral apparaît donc comme un « droit-compétence[64] », ce que reconnaît la Cour suprême lorsqu'elle affirme qu'il revient au groupe de prendre les décisions relatives à l'exercice d'un tel droit et que, dès lors, l'individu agit « sous l'autorité » de la communauté[65]. Toute revendication individuelle de droits ne pourra qu'être tributaire du groupe et devra s'inscrire dans le cadre normatif propre à celui-ci. Par conséquent, si les contours externes d'un droit ancestral sont tracés par le juge selon le droit étatique[66], c'est en définitive le « droit autochtone » qu'il faut consulter pour connaître les règles encadrant l'exercice interne de ce droit, y compris la constitution des institutions normatives autochtones elles-mêmes[67].

---

64. Ghislain Otis, « L'autonomie personnelle au cœur des droits ancestraux : *Sub qua lege vivis?* », *McGill Law Journal*, vol. 52, 2007, p. 657.
65. Ainsi, parlant des droits issus de traités, la Cour suprême affirme qu'ils « n'appartiennent pas personnellement à l'individu, mais [qu']ils sont exercés *sous l'autorité de la communauté* à laquelle ce dernier appartient » ; *R.* c. *Marshall*, [1999] 3 R.C.S. 533, par. 17 (nos italiques). Ce principe vaut également pour les droits ancestraux : *Delgamuukw*, *op. cit.*, par. 115. Dans *Sappier*, *op. cit.*, la Cour suprême souligne, au paragraphe 26, qu'en raison de sa nature collective, un droit ancestral « ne doit pas être exercé par un membre de la collectivité autochtone indépendamment de la société autochtone qu'il vise à préserver ».
66. C'est le tribunal qui décidera, par exemple, si le groupe autochtone détient un droit de subsistance ou un droit de nature commerciale, voir *R.* c. *Gladstone*, [1996] 2 R.C.S. 723.
67. L'autonomie normative s'étend à toute la gamme des décisions concernant tant le cadre institutionnel de l'action normative que le contenu des règles d'exercice du droit ancestral reconnu en droit étatique. Par exemple, dans le cas d'un droit forestier à des fins communautaires, le groupe titulaire aura l'autorité de déterminer notamment à quel moment les individus pourront prélever la ressource, quelles méthodes de prélèvement seront autorisées, les essences visées et les conditions de circulation de la ressource dans la communauté. Un auteur a aussi donné plusieurs exemples pertinents des matières relevant du groupe, eu égard à l'exercice d'un titre aborigène : « *to allocate the use of the land to which aboriginal title extends; to decide on utilization practices; to determine which resources should be harvested and by whom; to participate in the process of consultation that would lead to*

Qu'elles se trouvent consignées dans des textes ou qu'elles résident dans la coutume, les normes autochtones sont reçues et validées par le droit étatique parce que faisant partie intégrante du droit de groupe lui-même « reconnu et confirmé » par l'article 35 de la *Loi constitutionnelle de 1982*.

Le régime des droits ancestraux mis en place par la plus haute juridiction canadienne instaure donc une relation de complémentarité entre le droit occidental et le droit autochtone non étatique. Alors que c'est le droit officiel qui définit les attributs, la portée et les conditions d'existence d'un droit ancestral selon l'impératif constitutionnel de conciliation des intérêts autochtones et non autochtones[68], il revient au groupe autochtone de réguler l'exercice et la jouissance de ce droit par ses membres.

Cette répartition des fonctions normatives dans la mise en œuvre de l'article 35 engendre-t-elle un dialogue des cultures juridiques ? Sur le plan formel, il serait plus juste de parler de leur simple juxtaposition puisqu'elles se déploient côte à côte sans que des passerelles soient aménagées pour les amener à échanger des concepts ou des principes. En pratique, toutefois, il ne faudrait pas s'étonner que les autochtones se montrent ouverts à des emprunts aux cultures juridiques occidentales, ne serait-ce qu'en recourant à l'écrit pour fixer certaines règles de droit devant être observées par leurs membres désireux de profiter du droit de groupe. Cette interaction reposera toutefois sur l'initiative spontanée des acteurs et non sur un travail du juge.

Il existe quand même un domaine où le tribunal sera le théâtre d'une véritable interaction des cultures juridiques occidentales et autochtones. Il s'agit du contentieux où les droits

---

justification for infringement; to agree to the amount of compensation under infringement and justification; and to decide upon surrender of the land, if that is the wish of the people ». Voir Douglas Lambert, « *Van Der Peet* and *Delgamuukw*: Ten Unresolved Issues », *UBC Law Review*, vol. 32, 1992, p. 268.

68. Par exemple, le juge décidera si un droit de prélèvement forestier autorise un usage commercial de la ressource.

ancestraux collectifs et les droits fondamentaux individuels entrent en contact d'une manière potentiellement conflictuelle.

Le dialogue des cultures juridiques dans le contentieux des droits fondamentaux

La question de l'application des instruments de protection des droits et libertés individuels aux actions des peuples autochtones a beaucoup retenu l'attention des observateurs.

La doctrine différentialiste

La doctrine juridique dominante met de l'avant un différentialisme relativiste qui amène certains auteurs à postuler une sorte d'antagonisme ontologique entre autochtonité et modernité juridique ou, à tout le moins, un potentiel permanent de friction entre la différence culturelle autochtone et le jeu des droits et libertés individuels. Nombre d'analystes, malgré quelques remarques convenues sur le dynamisme des cultures autochtones, doutent de la légitimité culturelle des droits fondamentaux en raison de la menace grave qu'ils feraient peser sur les structures tribales traditionnelles.

Plusieurs se représentent deux mondes parallèles : d'un côté un univers culturel occidental individualiste et libéral, et, de l'autre, une autochtonie traditionnelle durablement imprégnée d'une philosophie de la responsabilité individuelle, de l'harmonie et de la solidarité communautaires[69]. Russell exprime bien ce courant de pensée, lui qui affirme que :

---

69. Jean-Jacques Simard ne manque pas de pourfendre ce qu'il estime être le mythe de l'Indien « *Envers-du-Blanc* », « reflet négatif de la modernité », qui réserverait « ... aux "Blancs" l'affirmation individuelle, l'esprit critique, le pluralisme culturel et les débats démocratiques – aux Autochtones la communauté consensuelle, homogène, et ces

> « *"Rights theory" has a long history within the common law judicial system, and today it is firmly embedded within the Canadian psyche. However, Aboriginal people have been less enamoured of such notions. Aboriginal societies premised on an ethic of care and responsability have traditionnally been interested less in rights than in concepts of personal obligation*[70]. »

Selon Wilkins, il y aurait « *a profound incongruity between the rights regime in the Charter and the various traditions and shared understandings that Canada's aboriginal peoples themselves regard as constitutive*[71] ». Dans la même veine, Turpel écrit que « *the collective or communal basis of Aboriginal life does not... have a parallel to individual rights: the conceptions of law are simply incommensurable*[72] ». McNeil estime pour sa part que la transposition aux sociétés autochtones des valeurs canadiennes sous-jacentes au modèle étatique de charte des droits serait aussi colonialiste que vaine[73].

Les détracteurs des droits individuels évoquent volontiers les temps précolombiens de sociétés consensualistes, égalitaires et régies par une coutume foncièrement conciliatrice et intégratrice

---

chefs qui exhalent la substance de leurs peuples dès qu'on leur place un micro sous le nez » ; Jean-Jacques Simard, *La réduction : l'autochtone inventé et les amérindiens d'aujourd'hui*, Sillery (Québec), Septentrion, 2003, p. 134.

70. Dan Russell, *A People's Dream: Aboriginal Self-Government in Canada*, Vancouver, University of British Columbia Press, 2000, p. 117-118. Voir aussi p. 128-129.
71. Kerry Wilkins, « But We Need the Eggs: The Royal Commission, the Charter of Rights and the Inherent Right of Aboriginal Government », *University of Toronto Law Journal*, vol. 49, 1999, p. 86.
72. Voir Mary Ellen Turpel, « Aboriginal Peoples and the Charter: Interpretative Monopolies, Cultural Differences », *C.H.R.Y.B.*, vol. 6, n° 3, 1989, p. 30.
73. Il écrit : « *Imposition of Canadian values and norms on the Aboriginal peoples perpetuates colonialism and – as our history teaches us so well – simply does not work.* » Kent McNeil, « Aboriginal Governments and the Charter: Lessons from the United States », *Canadian Journal Law and Society*, vol. 17, 2002, p. 104.

des aspirations légitimes de chacun[74]. Ayant traversé les siècles riches d'un tel viatique, les autochtones contemporains ne ressentiraient pas le besoin d'une protection contre un pouvoir étranger à leur expérience culturelle[75]. Cette critique radicale des droits et libertés se repaît d'une image d'Épinal, la « *traditional self-governing communit[y]*[76] », et avance, à partir d'exemples généralement hypothétiques, que ces communautés coutumières risqueraient d'être tragiquement disloquées par la conception antagoniste et hiérarchique des rapports groupe/individu qui irrigue les chartes individualistes[77].

En réalité, ces positions procèdent davantage d'une certaine mauvaise conscience postcoloniale ou de la rectitude politique que d'une observation rigoureuse de la réalité contemporaine des sociétés autochtones vivant au Canada. Dans les faits, l'abus de pouvoir existe en milieu autochtone et les individus autochtones invoquent régulièrement les chartes des droits à l'encontre de leurs autorités[78]. On observe en outre que les représentants autochtones canadiens ont activement participé à l'élaboration du texte de la *Déclaration des droits des peuples autochtones* de l'ONU et célébré son adoption comme une avancée historique.

---

74. Voir Menno Bold et J. Anthony Long, « Tribal Philosophies and the Charter of Rights and Freedoms », in Menno Bold et J. Anthony Long (éd.), *The Quest for Justice: Aboriginal Peoples and Aboriginal Rights*, Toronto, University of Toronto Press, 1985, p. 168-169. Franks note à juste titre que : « *Many discussions of Aboriginal rights in Canada* [...] *claim that there was a golden age in the past where all members of the culture shared in a blessed and non alienated existence and the relationships between humans were conducted on a basis of civility and respect and ensured that the ideals embodied in fundamental rights were recognized* » ; C. E. S. Franks, « Rights and Self-Government for Canada's Aboriginal Peoples », in Curtis Cook et Juan D. Lindau (éd.), *Aboriginal Rights and Self-Government: The Canadian and Mexican Experience in North American Perspective*, Montréal, McGill-Queens University Press, 2000, p. 126.
75. Kerry Wilkins, art. cit., p. 87-90.
76. *Ibidem*, p. 93.
77. *Ibidem*, p. 91-99 ; Dan Russell, *op. cit.*, p. 103-130.
78. Ghislain Otis, « La gouvernance autochtone avec ou sans la Charte canadienne ? », in Ghislain Otis (dir.), *Droit, territoire et gouvernance des peuples autochtones*, Québec, PUL, 2004, p. 138-146.

Or cette déclaration énonce à son article 34 que les institutions et les normes autochtones doivent respecter les instruments internationaux de protection des droits de l'homme.

La conciliation des droits par le dialogue des cultures juridiques

Le défi du droit canadien est donc de concilier les droits de groupe des peuples autochtones et les droits et libertés fondamentaux des individus. Le paragraphe 35(4) de la *Loi constitutionnelle de 1982* harmonise la reconnaissance des droits ancestraux ou issus de traités et l'impératif d'égalité entre les hommes et les femmes en énonçant que :

> « Indépendamment de toute autre disposition de la présente loi, les droits – ancestraux ou issus de traités – visés au paragraphe 1 sont garantis également aux personnes des deux sexes. »

Le juge devra donc intégrer l'égalité entre les hommes et les femmes dans la définition même des droits ancestraux ou issus de traités, ce qui l'amènera potentiellement à opérer une hybridation des normes et des pratiques autochtones.

La *Charte canadienne des droits et libertés* contient une disposition plus générale traitant spécifiquement de l'articulation des droits de groupe et des droits individuels des autochtones. Il s'agit de l'article 25 dont le passage clé se lit comme suit :

> « Le fait que la présente Charte garantit certains droits et libertés ne porte pas atteinte aux droits et libertés – ancestraux, issus de traités ou autres – des peuples autochtones du Canada [...]. »

Dans sa version anglaise, ce passage dispose que :

> « *The guarantee in this Charter of certain rights and freedoms shall not be construed so as to abrogate or derogate*

from any aboriginal, treaty or other rights of the aboriginal peoples of Canada [...]. »

Cette disposition fait l'unanimité sur deux points essentiels : premièrement, elle n'est pas en soi attributive de droits pour les peuples autochtones mais, deuxièmement, elle empêche qu'un justiciable puisse utiliser la Charte pour faire invalider un droit ancestral ou issu d'un traité au motif qu'un tel droit constitue un privilège discriminatoire à l'encontre des non-autochtones. Il en résulte une protection contre toute volonté de nier, au nom de l'égalité de tous les citoyens, le droit des autochtones à un statut constitutionnel les distinguant des autres Canadiens, ce qui équivaut à peu près à ce que Kymlicka appelle une protection « externe », c'est-à-dire un rempart contre les tentatives des personnes extérieures au groupe protégé d'utiliser la Charte pour contrer les droits singuliers de ce groupe[79].

En revanche, les opinions diffèrent notablement sur la question de savoir dans quelle mesure l'article 25 immunise aussi les autorités autochtones contre toute contestation fondée sur la Charte visant non pas l'exclusivisme inhérent aux droits des peuples autochtones, mais la manière dont ces droits de groupe sont exercés à l'égard des personnes soumises à l'autorité autochtone ; ce que Kymlicka décrit comme les « restrictions internes », soit les actions prises par le groupe à l'endroit de ses membres[80]. Si d'aucuns plaident que l'article 25 rend la Charte totalement inapplicable même aux aspects « internes » du fonctionnement des gouvernements autochtones[81], d'autres proposent diverses manières d'articuler les droits fondamentaux et la différence autochtone sans aller jusqu'à reconnaître une immunité absolue.

---

79. Will Kymlicka, « Le nouveau débat sur les droits des minorités », in Isabelle Schulte-Tenckhoff, *Altérité et droit : contributions à l'étude du rapport entre droit et culture*, Bruxelles, Bruylant, 2002, p. 99.
80. *Ibidem*.
81. Kerry Wilkins, art. cit. ; McNeil, « Aboriginal Governments and the Charter... », art. cit.

Ainsi, une lecture de l'article 25 n'en fait qu'une simple règle d'interprétation favorisant la protection de la différence autochtone lorsque l'exercice d'un pouvoir ancestral fait l'objet d'une contestation pour violation de la Charte de la part d'une personne soumise à l'autorité autochtone. L'article 25 exigerait des juges, chaque fois que cela est possible, qu'ils définissent les droits et libertés individuels d'une manière qui tienne compte des spécificités culturelles autochtones. Si toutefois l'énoncé d'un droit ou d'une liberté protégés par la Charte ne se prête pas à une telle adaptation culturelle, le pouvoir autochtone ne pourra s'autoriser de l'altérité autochtone pour nier l'effet contraignant de la Charte[82].

En somme, selon ce point de vue, l'article 25 produirait un effet immunitaire complet dans le cas de contestations « externes », mais n'aurait qu'un simple rôle interprétatif en présence d'une restriction « interne », c'est-à-dire lorsque la Charte est invoquée par un membre de la communauté autochtone pour contester une mesure prise par le gouvernement autochtone dans l'exercice de ses pouvoirs issus d'un droit ancestral ou issus de traités. Cette manière de voir l'article 25, contrairement à l'hypothèse de l'immunité différentialiste, s'oppose donc en définitive à ce que le groupe puisse imposer à ses membres, au nom de sa pérennité identitaire, de choisir entre leur appartenance à la communauté et la jouissance des droits et libertés individuels garantis à l'ensemble des citoyens.

Il est raisonnable de penser que c'est à peu près l'idée que se font les autorités fédérales du rôle joué par l'article 25. On peut en effet lire dans le guide de la politique fédérale sur l'autonomie gouvernementale des autochtones que tous les Canadiens,

---

82. Voir Patrick Macklem, *Indigenous Difference and the Constitution of Canada*, Toronto, University of Toronto Press, 2001, p. 226. Voir aussi Timothy Dickson, « Section 25 and Intercultural Judgment », *University of Toronto Faculty Law Journal*, vol. 61, 2003, p. 158-159. Grammond s'oppose apparemment à cette lecture de l'article 25 au motif que l'application de la Charte aux « restrictions internes » « mènerait à l'applicabilité générale de la Charte et [...] priverait l'article 25 de tout sens utile » ; Sébastien Grammond, *op. cit.*, p. 342.

y compris les autochtones, doivent pouvoir invoquer la Charte à l'encontre de leur gouvernement, mais que l'article 25 permet néanmoins à celle-ci d'établir « un juste équilibre entre les droits et libertés individuels et les valeurs et traditions propres aux peuples autochtones[83] ».

La Cour suprême du Canada n'y a pas encore formellement adhéré mais elle a récemment indiqué qu'elle considère cette approche comme une option très crédible en soulignant l'importance d'un équilibre entre les droits singuliers des autochtones et le respect des droits fondamentaux de tous les Canadiens[84]. Il s'agit en fait de la seule interprétation de l'article 25 qui permette le maintien de cet équilibre[85].

Tout indique dès lors que l'article 25 de la Charte impose au juge d'interpréter les droits et libertés individuels garantis par cette Charte d'une manière qui soit très attentive au particularisme culturel autochtone lorsque les normes que se donne un peuple autochtone pour l'exercice d'un droit ancestral ou issu de traités sont contestées pour violation des droits fondamentaux. Il incombera au tribunal de chercher les voies par lesquelles la culture autochtone pourra être prise en considération pour appliquer différemment, sans les renier, les notions de liberté, de dignité et d'égalité exprimées dans le texte constitutionnel. La méthodologie nécessaire à la réalisation de cet exercice de dialogue judiciaire des cultures juridiques reste entièrement à élaborer.

---

83. Travaux publics et services gouvernementaux, Canada, *L'autonomie gouvernementale des autochtones*, guide de la politique fédérale, Ottawa, 1995, p. 5.
84. *R.* c. *Kapp*, [2008] 2 R.C.S. 483, par. 64.
85. Il reste tout de même qu'une mesure spécifiquement autorisée par un traité, par exemple, serait immunisée d'une contestation fondée sur la Charte.

Conclusion

Les tribunaux canadiens n'ont pas une longue tradition de véritable dialogue des cultures juridiques autochtones et occidentales. À ce jour, le juge canadien a été peu exposé à l'altérité juridique autochtone et s'est peu interrogé sur les moyens de faire interagir le droit endogène autochtone et le droit étatique d'une manière qui ne soit pas purement hiérarchique et coloniale.

La reconnaissance constitutionnelle récente des droits ancestraux et issus de traités des peuples autochtones aurait pu opérer un virage déterminant si la Cour suprême avait vu dans la reconnaissance des droits ancestraux une réception des ordres juridiques autochtones d'origine extra-étatique. Tel ne fut toutefois pas le cas.

Il reste néanmoins vrai que les manifestations des cultures juridiques autochtones vont devenir plus fréquentes dans le travail du juge à mesure que se développera le régime des droits ancestraux et que les litiges relatifs aux traités se multiplieront. Il sera en effet loisible aux collectivités autochtones de mobiliser leurs cultures juridiques propres pour organiser l'exercice intra-communautaire de leurs droits ancestraux. De même, les nouvelles institutions créées par les accords d'autonomie gouvernementale pourront s'inspirer des traditions juridiques autochtones dans l'exercice de leurs attributions. Dans certains cas, ces accords rendent le droit coutumier autochtone directement applicable.

Il incombera alors au juge d'honorer l'esprit des lois autochtones lorsque celles-ci procéderont d'une approche interculturelle et d'éviter de dénaturer le droit autochtone. La dynamique purement pyramidale propre au rapport colonial devra être dépassée, même dans le contentieux des droits fondamentaux où l'approche conciliatrice sera la plus porteuse.

Bibliographie

ALLOT Antony N., « What Is to Be Done with African Customary Law? The Experience of Problems and Reforms in Anglophone Africa from 1959 », *Journal of African Law*, vol. 28, 1984.

BALDASSI Cindy L., « The Legal Status of Aboriginal Customary Adoption Across Canada: Comparisons, Contrasts, and Convergences », *UBC Law Review*, vol. 39, 2006.

BARSH Russel Lawrence, « Indigenous Rights and the *Lex Loci* in British Imperial Law », in Kerry Wilkins (éd.), *Advancing Aboriginal Claims: Visions, Strategies, Directions*, Saskatoon, Purich Publishing, 2004.

BOLD Menno et LONG J. Anthony, « Tribal Philosophies and the Charter of Rights and Freedoms », in Menno Bold et J. Anthony Long (éd.), *The Quest for Justice: Aboriginal Peoples and Aboriginal Rights*, Toronto, University of Toronto Press, 1985.

BORROWS John, *Canada's Indigenous Constitution*, Toronto, University of Toronto, 2010.

COMMISSION DU DROIT DU CANADA, *La justice en soi : les traditions juridiques autochtones*, Ottawa, 2006.

DELMAS-MARTY Mireille, *Le pluralisme ordonné*, Paris, Seuil, 2006.

DICKSON Timothy, « Section 25 and Intercultural Judgment », *University of Toronto Faculty Law Journal*, vol. 61, 2003.

FRANKS C. E. S., « Rights and Self-Government for Canada's Aboriginal Peoples », in Curtis Cook et Juan D. Lindau (éd.), *Aboriginal Rights and Self-Government: The Canadian and Mexican Experience in North American Perspective*, Montréal, McGill-Queens University Press, 2000.

GAUDREAULT-DESBIENS Jean-François, *Les solitudes du bijuridisme au Canada*, Montréal, Thémis, 2007.

GLENN H. Patrick, *Legal Traditions of the World: Sustainable Diversity in Law*, Oxford, Oxford University Press, 4e éd., 2010.

GRAMMOND Sébastien, *Aménager la coexistence, les peuples autochtones et le droit canadien*, Bruxelles-Montréal, Bruylant-Yvon Blais, 2003.

GRENON Aline, « Codes et codification : un dialogue avec la Common law ? », *Cahiers de Droit*, vol. 46, n° 1-2, 2005.

KYMLICKA Will, « Le nouveau débat sur les droits des minorités », in Isabelle Schulte-Tenckhoff, *Altérité et droit : contributions à l'étude du rapport entre droit et culture*, Bruxelles, Bruylant, 2002.

LAFARGE Régis, *La coutume judiciaire en Nouvelle-Calédonie, aux sources d'un droit commun coutumier*, Aix-en-Provence, Presses de l'Université d'Aix-Marseille, 2003.

LAMBERT Douglas, « *Van Der Peet* and *Delgamuukw*: Ten Unresolved Issues », *UBC Law Review*, vol. 32, 1992.

LE ROY Étienne, *Les Africains et l'Institution de justice, entre mimétismes et métissages*, Paris, Dalloz, 2004.

MACKLEM Patrick, *Indigenous Difference and the Constitution of Canada*, Toronto, University of Toronto Press, 2001.

MCNEIL Kent, *Common Law Aboriginal Title*, Oxford, Clarendon Press, 1989.

——— « Aboriginal Rights in Canada: From Title to Land to Territorial Sovereignty », *Tulsa Journal of Comparative and International Law*, vol. 5, 1998.

——— « Aboriginal Governments and the Charter: Lessons from the United States », *Canadian Journal Law and Society*, vol. 17, 2002.

MINISTÈRE DE LA JUSTICE, QUÉBEC, *Rapport du groupe de travail sur le régime québécois de l'adoption : pour une adoption québécoise à la mesure de chaque enfant*, 30 mars 2007, disponible en ligne : https://www.justice.gouv.qc.ca/français/publications/rapports/pdf/adoption-rap.pdf

OTIS Ghislain, « Les sources des droits ancestraux des peuples autochtones », *Cahiers de Droit*, vol. 40, n° 3, 1999.

—— « Élection, gouvernance traditionnelle et droits fondamentaux chez les peuples autochtones du Canada », *McGill Law Journal*, vol. 49, n° 2, 2004.

—— « La gouvernance autochtone avec ou sans la Charte canadienne ? », in Ghislain Otis (dir.), *Droit, territoire et gouvernance des peuples autochtones*, Québec, PUL, 2004.

—— « L'autonomie personnelle au cœur des droits ancestraux : *Sub qua lege vivis ?* », *McGill Law Journal*, vol. 52, 2007.

—— « La place des cultures juridiques et des langues autochtones dans les traités d'autonomie gouvernementale au Canada », *McGill Law Journal*, vol. 54, 2009.

REID Hubert A., *Dictionnaire de droit québécois et canadien*, Montréal, Wilson & Lafleur, 2e éd., 2001.

RUSSELL Dan, *A People's Dream: Aboriginal Self-Government in Canada*, Vancouver, University of British Columbia Press, 2000.

SIMARD Jean-Jacques, *La réduction : l'autochtone inventé et les amérindiens d'aujourd'hui*, Sillery (Québec), Septentrion, 2003.

TRAVAUX PUBLICS ET SERVICES GOUVERNEMENTAUX, CANADA, *L'autonomie gouvernementale des autochtones*, guide de la politique fédérale, Ottawa, 1995.

TURPEL Mary Ellen, « Aboriginal Peoples and the Charter: Interpretative Monopolies, Cultural Differences », *C.H.R.Y.B.*, vol. 6, n° 3, 1989.

VANDERLINDEN Jacques, « Vers une nouvelle conception du pluralisme juridique », *RRJ Droit prospectif*, n° 2, 1993.

WALTERS Mark D., « The "Golden Thread" of Continuity: Aboriginal Customs at Common Law and Under the Constitution Act, 1982 », *McGill Law Journal*, vol. 44, 1999.

WILKINS Kerry, « But We Need the Eggs: The Royal Commission, the Charter of Rights and the Inherent

Right of Aboriginal Government », *University of Toronto Law Journal*, vol. 49, 1999.

WOODMAN G. R., « Droit comparé général », in Wanda Capeller et Takanori Kitamura (dir.), *Une introduction aux cultures juridiques non occidentales*, Bruxelles, Bruylant, 1998.

ZLOTKIN Norman, « Judicial Recognition of Aboriginal Customary Law in Canada: Selected Marriage and Adoption Cases », *Canadian Native Law Reporter*, vol. 4, 1984.

6

Le juge béninois à l'heure du déclin (officiel) du dualisme juridique

Jacques MAYABA

Avant la colonisation, les pays africains étaient organisés en royautés, en tribus ou en clans. Les cultures de ces peuples, caractérisées par une multitude de langues, de coutumes et de traditions très variées, étaient essentiellement orales. La justice, facteur de paix sociale, occupait une place importante. Les litiges se réglaient soit au sein des familles devant le chef de famille ou de collectivité, soit devant le chef de tribu ou devant le roi.

Avec la colonisation française en Afrique s'est posé le problème juridique de la coexistence d'une population autochtone vivant selon des coutumes et cultures très variées, et d'une minorité d'origine européenne ayant conservé ses mœurs régies par des lois inspirées du droit romain et du christianisme.

Pour permettre à ces communautés françaises et africaines de cohabiter dans le respect de leurs modes de vie respectifs, il s'est imposé en droit privé la création de deux ordres juridiques distincts : l'un calqué sur le droit métropolitain, ou droit français, et l'autre sur les coutumes.

Deux catégories de juridictions ont alors été instituées pour connaître des litiges ressortissant de l'un ou l'autre de ces systèmes juridiques. Il s'agit des juridictions de droit local et de celles de droit commun. Les premières sont compétentes pour appliquer le droit spécial ou droit coutumier à ceux des autochtones qui ont conservé leur statut particulier à base coutumière. Les secondes, de droit français, sont appelées à connaître de toutes les affaires qui ne relèvent pas du droit spécial coutumier et qui concernent ceux qui ont la nationalité française ou possèdent un statut justifiant l'application du droit français.

La République du Bénin – située en Afrique occidentale entre le Nigeria, le Togo, le Burkina Faso et le Niger – continue de connaître dans une certaine mesure ces deux ordres juridiques et juridictionnels. Cette situation soulève de nombreuses questions. Comment se déroule la gestion de ces deux ordres juridiques par le juge béninois depuis l'accession du Bénin à l'indépendance ? Existe-t-il un dialogue entre ces deux ordres ou une prééminence de l'un sur l'autre ? Existe-t-il d'autres systèmes juridiques ? Pour mener la réflexion, nous distinguerons deux périodes : la période de 1960 à 2004 qui correspond à la coexistence des deux ordres juridiques et juridictionnels, et la période de 2004 à ce jour qui tend à l'unification des deux ordres juridiques. Enfin, nous traiterons brièvement de l'harmonisation du droit des affaires en Afrique, un ordre juridique supranational, ainsi que des tribunaux ecclésiastiques.

La coexistence des deux ordres juridiques et juridictionnels de 1960 à 2004

Afin de mieux appréhender la gestion des deux ordres juridiques durant cette période, il est utile de référer à la période coloniale. À cet égard, on distinguera la sous-période régie par le décret organique du 3 décembre 1931 et celle régie par les lois n° 64-28 du 9 décembre 1964 et n° 2001-37 du 27 août 2002.

Période régie par le décret organique du 3 décembre 1931

Le décret organique du 3 décembre 1931 réorganise la justice locale en Afrique occidentale française. Il est complété par des textes connexes et des circulaires d'application. En ce qui concerne les juridictions de droit commun, c'est la législation française qui s'applique. On peut citer le *Recueil annoté des textes de procédure civile et commerciale applicables en Afrique occidentale française* du magistrat de la France d'outre-mer, Monsieur Gaston-Jean Bouvenet[1]. Quelques observations s'imposent sur ce décret organique.

Aux termes de l'article 1er alinéa 1 dudit décret :

> « Sur toute l'étendue des territoires relevant du gouvernement général de l'Afrique occidentale française, la justice est rendue aux citoyens de statut personnel particulier, tels qu'ils sont définis à l'article suivant, par des juridictions de droit local qui sont : des tribunaux du premier degré, des tribunaux coutumiers, des tribunaux supérieurs de droit local et une chambre de la Cour d'appel de l'Afrique occidentale qui reçoit le nom de chambre d'annulation. »

À cette disposition, il faut ajouter celle de l'article 5 du décret qui édicte :

> « Le chef de village ou le notable du village, du quartier ou du groupe de tentes, désigné à cet effet par la coutume, est investi, en matière civile et commerciale, du pouvoir de concilier les parties. »

Telles sont les juridictions de droit local. Chaque juridiction comprend le Président et deux assesseurs représentant la coutume des parties.

1. Gaston-Jean Bouvenet, *Recueil annoté des textes de procédure civile et commerciale applicables en Afrique occidentale française*, Paris, Éditions de l'Union française, 1954.

La composition de ces juridictions (articles 20, 41, 55 et 67 du décret) reflète le souci d'associer largement les notables autochtones à la distribution de la justice locale afin qu'ils puissent par leur connaissance de la coutume des parties suppléer à l'absence de codification et souvent de relation écrite du droit coutumier.

Il apparaît des dispositions précitées, notamment de l'article 5 du décret, que les juridictions de droit local ne sont compétentes qu'en matière civile et commerciale. En effet, le décret du 30 avril 1916 a unifié le régime répressif à compter du 1er juillet 1916. Ainsi, à partir du 1er juillet 1916, les juridictions françaises connaîtront seules en matière pénale de toutes les infractions commises par les indigènes. Un décret du 30 avril 1946 portant suppression de la justice pénale indigène interviendra par la suite.

S'agissant de la compétence personnelle, les juridictions de droit local ne peuvent en principe connaître que des procès dans lesquels les parties sont exclusivement des personnes de statut civil particulier. Cependant, selon l'article 7 du décret, les citoyens de statut civil particulier peuvent choisir de porter leur litige devant une juridiction de droit commun. De même, les litiges nés entre personnes de statut de droit commun et personnes de statut particulier peuvent être portés devant les juridictions de droit local avec application du droit coutumier aux termes de l'article 8 du décret organique. Dans les deux cas, il suffira que les parties conviennent de cela par écrit. Comme on peut le constater, dans la fixation des compétences de chaque juridiction il est offert aux parties la possibilité de porter leur différend devant une juridiction de droit commun ou de droit local.

Les assesseurs ont une voix délibérative, ce qui veut dire qu'ils participent à la prise de décision.

Il peut arriver que sur une question donnée, la coutume soit muette ; le juge dans ce cas applique le droit français comme raison écrite. Monsieur René Pautrat, magistrat de la France d'outre-mer et auteur de l'ouvrage *La Justice locale et la Justice musulmane en A.O.F.*, va plus loin :

> « Les juridictions de droit local font un usage fréquent du droit français à titre supplétif, soit en l'absence de toute disposition coutumière, soit pour interpréter les règles du droit local[2]. »

Il importe de souligner que le souci de rendre la justice très accessible aux justiciables explique la simplicité de la procédure devant les juridictions de droit local. Une simple requête écrite ou orale adressée au président du tribunal ou au tribunal suffit à le saisir. Le juge, en l'occurrence le président du tribunal, dirige la procédure : il convoque les parties, fait notifier les décisions, désigne les agents d'exécution.

On peut conclure à une certaine interaction, un certain dialogue des deux ordres juridiques devant les juridictions locales, même si par moment le droit français prévalait sur le droit coutumier.

Les lois n° 64-28 du 9 décembre 1964 et n° 2001-37 du 27 août 2002 portant organisation judiciaire vont perpétuer le dualisme juridique.

Lois n° 64-28 du 9 décembre 1964 et n° 2001-37 du 27 août 2002 portant organisation judiciaire

C'est d'abord la loi n° 64-28 qui a succédé au décret organique. Cette loi institue huit tribunaux de première instance siégeant en juge unique et une Cour d'appel à Cotonou siégeant en collège de magistrats. Ces tribunaux s'adjoignent un ou deux assesseurs quand ils statuent en matière de droit traditionnel. Le droit traditionnel désigne le droit coutumier. La loi n° 2001-37, encore en vigueur, a créé, par rapport à la loi du 9 décembre 1964, un plus grand nombre de tribunaux de première instance siégeant en collège de trois magistrats ou en juge unique en cas d'insuffisance d'effectif de magistrats, et des Cours d'appel (trois actuellement) siégeant en collège de trois magistrats. Ces

2. René Pautrat, *La Justice locale et la Justice musulmane en A.O.F.*, Rufisque, Imprimerie du Haut Commissariat de la République en A.O.F., 1957.

juridictions s'adjoignent également pour siéger un ou deux assesseurs représentant la coutume des parties, mais à titre consultatif. Dans les formations à juge unique, c'est le même juge qui siège en matière de droit traditionnel et en d'autres matières. Avec l'accroissement de l'effectif des magistrats, le président de la juridiction nomme habituellement un juge de la chambre de droit traditionnel. Ce juge ne reçoit pas d'autre formation en droit coutumier que celle de l'école de formation. Ainsi, tout juge sorti de cette école peut se voir confier une chambre de droit traditionnel.

Il faut rappeler que la chambre de droit traditionnel n'est compétente qu'en matière civile et commerciale. L'unification en matière répressive intervenue pendant la période coloniale a été prise en compte par les nouvelles lois. La matière de droit traditionnel se résume essentiellement aux affaires de terrains non immatriculés et aux affaires d'état des personnes (mariages, filiation, successions, etc.). Le droit coutumier est un droit oral, basé sur les coutumes et les traditions. Les autorités coloniales ont procédé à un recensement des pratiques coutumières dans un fascicule dénommé le *Coutumier du Dahomey*[3]. Pendant longtemps, ce document a constitué une source de documentation importante pour les magistrats statuant en matière de droit traditionnel.

Mais la Cour constitutionnelle du Bénin a, dans sa décision DCC 96-063 du 26 septembre 1996, statué que le *Coutumier* ne constitue pas un recueil de textes de loi et n'a donc pas force exécutoire.

> « Considérant que la circulaire déférée est une compilation de coutumes des diverses ethnies du Bénin : que dans son préambule il est indiqué à l'alinéa 3 que les règles énoncées par le coutumier ne sont pas des articles de code. Elles rappellent la coutume ancienne et marquent les tendances nouvelles ; qu'il en résulte que la circulaire A.P. 128 du 19 mars 1931 n'a pas force exécutoire. »

---

3. Firmin Médénouvo, *Coutumier du Dahomey*, Présence béninoise, 2004.

Depuis cette décision, un juge ne peut asseoir son jugement sur une disposition du *Coutumier du Dahomey*.

La présence des assesseurs aux côtés du juge statuant en matière de droit traditionnel est une formalité substantielle dont le non-accomplissement peut entraîner l'annulation de la décision par la Cour suprême pour composition irrégulière de la juridiction ou pour non-énonciation de la coutume des parties. Ainsi, dans l'affaire *KPASSENON M. A. Léon contre Collectivité Adjovi*, la Cour suprême du Bénin a cassé l'arrêt d'une Cour d'appel pour défaut d'énonciation de la coutume d'une partie. Cependant, la Cour suprême du Bénin – notamment la chambre judiciaire qui se prononce sur les pourvois en cassation pour incompétence, violation de la loi ou de la coutume dirigée contre les décisions des juridictions de fond[4] – ne siège pas avec les assesseurs, sauf dans le cas où la chambre judiciaire et l'assemblée plénière statuent en matière de droit traditionnel. La liste des assesseurs est établie annuellement au niveau des juridictions de fond par chaque chef de juridiction de telle sorte que les coutumes du ressort puissent autant que possible être représentées.

À cette étape, il y a lieu de noter que le droit traditionnel perd progressivement de son importance. Le juge est souvent amené à faire appel au droit français lorsqu'il statue en matière de droit traditionnel. La population béninoise compte une soixantaine de langues non écrites. Les coutumes ne sont donc pas codifiées. Les assesseurs eux-mêmes ont une connaissance limitée de leur coutume. Certaines coutumes sont rétrogrades et ne peuvent être appliquées. La règle selon laquelle les femmes n'héritent pas est manifestement dépassée. De même, on ne peut opposer à une partie au procès le statut d'esclave de son ascendant. Ainsi le juge constitutionnel a-t-il déjà reproché à des juridictions de fond d'avoir invoqué une disposition du *Coutumier* qui fait état du statut d'esclavage d'une des parties au procès[5]. La langue

4. Article 40 de la loi n° 2004-07 du 23 octobre 2007 portant composition, organisation, fonctionnement et attributions de la Cour suprême.
5. Décision DCC 06-076 du 27 juillet 2006.

française est reconnue par la loi fondamentale comme langue de travail. De plus, l'alphabétisation des populations dans leur propre langue ne progresse pas. Tous ces facteurs expliquent la tendance vers l'unification des deux ordres juridiques.

Vers l'unification des deux ordres juridiques et juridictionnels

Pendant longtemps, le juge béninois s'est accommodé tant bien que mal du dualisme juridique béninois. Avec l'évolution accélérée des mœurs et des coutumes au contact des civilisations, on se demande aujourd'hui si le maintien des deux ordres juridiques se justifie encore. L'unification des deux ordres juridiques ne s'impose-t-elle pas ?

L'unification des deux ordres juridiques, une nécessité

À l'époque coloniale déjà, Monsieur René Pautrat écrivait à juste titre :

> « La création de cadres administratifs modernes, la dissociation du droit public et du droit privé, du droit civil et du droit pénal, l'affaiblissement des chefferies traditionnelles dû, en particulier, à l'égalité légale de tous en droit public et pénal, l'évolution économique et le développement de la propriété individuelle ont profondément altéré les bases des coutumes ancestrales. Les modifications de la structure politique, économique et sociale ont eu des répercussions profondes sur les coutumes relatives aux institutions de droit privé[6]. »

6. René Pautrat, *op. cit.*

Il n'y a donc pas de doute que depuis ce temps jusqu'à ce jour, les sociétés africaines ont connu une profonde mutation sur tous les plans, en particulier des mœurs et des coutumes. Avec la mondialisation, l'universalité des principes et des valeurs s'impose à nos sociétés malgré leur désir légitime de conserver leur identité culturelle. Ce désir se retrouve dans la Constitution béninoise qui édicte en son article 11 :

> « Toutes les communautés composant la nation béninoise jouissent de la liberté d'utiliser leurs langues parlées et écrites et de développer leur propre culture tout en respectant celle des autres. »

Le dualisme juridique crée au Bénin deux catégories de citoyens qui pourtant sont tous égaux devant la loi. Le législateur, tenant compte de cette évolution marquée par la mondialisation, a voté la loi n° 2002-07 du 24 août 2004 qui unifie le droit en matière des personnes et de la famille. Avant d'en venir à cette loi, il convient néanmoins de rappeler qu'après la loi n° 64-28 du 9 décembre 1964, la loi n° 81-004 du 23 mars 1981 a mis en place des tribunaux populaires qui statuaient en toutes matières sans le concours des assesseurs, mais avec des juges populaires non professionnels élus sur la base de leur conviction politique révolutionnaire. Les juges populaires non professionnels ne représentaient aucune coutume dans la composition des tribunaux populaires.

L'unification des deux ordres juridiques en matière des personnes et de la famille

La loi n° 2002-07 votée le 24 août 2004 et portant code des personnes et de la famille comprend 1 031 articles répartis en trois livres : le premier traite des personnes ; le second de la famille ; le troisième des successions, des donations entre vifs et des testaments. L'article 1030 de ce code dispose : « Les coutumes cessent d'avoir force de loi en toutes matières régies par le présent code. » Quant à l'article 1029, il abroge toutes les dispositions antérieures contraires au présent code. La loi n'est pas restée muette sur la situation des actes et faits juridiques postérieurs et antérieurs à son entrée en vigueur. Ainsi l'article 1018 édicte :

> « Les dispositions du présent code s'appliquent aux actes et faits juridiques postérieurs à son entrée en vigueur ainsi qu'aux conséquences que la loi tire des actes et faits antérieurs ayant créé une situation juridique régulière au regard de la coutume et de la loi. »

En matière de mariage, l'article 1021 édicte :

> « Les mariages contractés conformément à la coutume, antérieurement à la date d'entrée en vigueur du présent code, demeurent soumis pour leur validité aux conditions de fond et de forme en vigueur lors de la formation du lien matrimonial. Il en est de même des mariages célébrés conformément au code civil. Leurs effets postérieurs sont régis par la loi nouvelle. »

À cette loi il faut ajouter la loi n° 2008-07 du 28 février 2011 portant code de procédure civile, commerciale, sociale, administrative et des comptes. Désormais, les procédures suivies devant toutes les juridictions se conformeront aux dispositions de ce code de procédure unique. Reste cependant la matière immobilière qui continuera d'être régie par le droit traditionnel lorsque l'immeuble concerné n'est pas nanti d'un titre foncier ni d'un permis d'habiter. C'est ce qu'il faut retenir des dispositions de l'article 1229 du code de procédure précité :

> « En attendant l'harmonisation du droit applicable en matière immobilière, l'appel et le pourvoi en cassation peuvent se faire par déclaration orale en matière immobilière de droit traditionnel. »

Il découle de cette disposition que l'unification des deux ordres juridiques interviendra également en matière immobilière. Pour l'instant, les juridictions béninoises traversent une phase transitoire durant laquelle le droit traditionnel continue de s'appliquer. Mais la disparition du droit coutumier ne risque-t-elle pas d'affaiblir le droit positif béninois ?

Sur la suppression du droit traditionnel ou droit coutumier

Il ressort des dispositions des articles 1030 du code des personnes et de la famille, et 1229 du code de procédure civile précités que le droit traditionnel cède progressivement place au droit français, devenu droit étatique. C'est l'option faite par le législateur. À l'exception du domaine immobilier, cette option couvre toutes les autres matières : les personnes, la famille, les obligations, les successions, les dons et legs. La suppression du droit traditionnel pose cependant des problèmes.

En effet, outre le domaine immobilier, les règles coutumières continuent de s'appliquer au quotidien, notamment en matière familiale. Ainsi, il existe dans presque toutes les coutumes du Bénin en matière de mariage ce qu'on appelle la reconnaissance des parents, une cérémonie qui précède les fiançailles. L'homme qui désire épouser une femme doit envoyer une délégation de ses parents pour connaître les parents de la femme et leur en demander la main. C'est cette étape qui ouvre véritablement celle des fiançailles. D'autre part, on dit au Bénin que ce sont les familles qui se marient et non les individus. Même si leur consentement est essentiel, le mariage entre un homme et une femme implique étroitement leur famille. Aucune décision grave relative à la vie du couple ne peut se prendre à l'insu des deux familles. Par exemple, l'homme ne peut répudier sa femme sans l'avis de ses parents.

La décision d'unification des deux ordres juridiques ne supprime pas les coutumes que les citoyens continuent de pratiquer. La loi fondamentale protège d'ailleurs les valeurs culturelles. Ainsi, l'article 10 de la Constitution prévoit que :

> « Toute personne a droit à la culture. L'État a le devoir de sauvegarder et de promouvoir les valeurs nationales de civilisation tant matérielles que spirituelles, ainsi que les traditions culturelles. »

Malgré l'adoption du code des personnes et de la famille une bonne partie de la population se marie encore sans aller devant l'officier d'état civil. Qu'en est-il des litiges qui peuvent naître de ces unions ? Cette situation interpelle le législateur, les praticiens et les théoriciens du droit. Il paraît indispensable que les règles coutumières encore en vigueur soient incorporées au droit étatique. En effet, la coutume continue de régir la vie d'un grand nombre de citoyens, notamment dans la sphère familiale. Par conséquent, la suppression de la coutume serait regrettable et le recensement des règles coutumières s'impose. Qu'en est-il des autres systèmes juridiques ?

L'OHADA et les tribunaux ecclésiastiques

L'Organisation pour l'harmonisation en Afrique du droit des affaires (OHADA) apparaît comme une organisation supranationale qui intervient dans les ordres juridiques internes des États parties au traité de Port-Louis du 17 octobre 1993. Elle contribue à enrichir la diversité juridique. Quant aux tribunaux ecclésiastiques, ils appartiennent à l'ordre juridique de l'Église catholique.

L'OHADA

En vertu du traité de Port-Louis, un conseil composé des ministres de la Justice et des Finances des dix-sept pays membres se voit attribuer le pouvoir de prendre des dispositions en matière de droit des sociétés, statut juridique des commerçants, recouvrement des créances, sûretés, voies d'exécution, droit du travail, arbitrage, ainsi que pour tout autre domaine décidé par les ministres. Les textes pris par le Conseil des ministres portant sur les domaines harmonisés sont dénommés « actes uniformes ». Ces actes sont applicables automatiquement dans les États membres. Le traité a mis en place des institutions, notamment la Cour commune de justice et d'arbitrage installée à Abidjan, en Côte d'Ivoire. Cette Cour a pour attributions essentielles de :

> « donner son avis sur les projets d'actes uniformes avant leur adoption par le Conseil des ministres et sur l'interprétation ainsi que sur l'application de ces actes ; juger en cassation les recours exercés contre les décisions rendues par les juridictions nationales ; intervenir pour le bon déroulement des procédures d'arbitrage (nomination des arbitres, etc.) ».

Ainsi la Cour commune de justice et d'arbitrage s'est substituée aux cours de cassation africaines dans toutes les matières ayant fait l'objet d'actes uniformes. Cet ordre juridique supranational n'est pas bien accueilli par les juges nationaux jaloux de leurs attributions ni par les justiciables qui voient leurs frais de justice s'accroître énormément en raison du fait qu'ils doivent se déplacer jusqu'à Abidjan et constituer avocat. Cependant, on peut affirmer qu'il y a dialogue entre l'ordre supranational et les deux ordres juridiques internes au Bénin, dans la mesure où des échanges périodiques se font entre les juges à l'occasion des colloques ou des séminaires de formation organisés par l'Association des hautes juridictions de cassation des pays ayant en partage l'usage du français (AHJUCAF) ou l'Association africaine des hautes juridictions francophones (AA-HJF).

Les tribunaux ecclésiastiques

Un tribunal ecclésiastique est, en droit canonique, un tribunal organisé par l'Église pour juger des affaires qui relèvent de son fonctionnement (discipline, sacrement). Il existe un tribunal ecclésiastique administratif, un tribunal ecclésiastique du contentieux et un tribunal ecclésiastique disciplinaire. Le fidèle de base ne connaît guère le tribunal ecclésiastique qu'à travers son intervention dans les demandes d'annulation du mariage religieux, traitées au niveau local (diocésain ou interdiocésain) par l'officialité. Ainsi, au Bénin, il existe un tribunal ecclésiastique interdiocésain à Cotonou, qui connaît des demandes d'annulation du mariage religieux. L'Évêque diocésain est le premier juge compétent. Mais pour des raisons techniques et de disponibilité, il nomme un officiel ou un vicaire judiciaire. Ce tribunal n'est pas bien connu du public. La plupart des juges ignorent son existence, d'où la quasi-inexistence de dialogue entre l'ordre juridique étatique et cet ordre juridique religieux.

Conclusion

Pour conclure sur le rôle du juge dans le dialogue des cultures juridiques au Bénin, il convient de retenir que le système juridique et juridictionnel béninois a sa particularité. En effet, il présente un dualisme juridique hérité de la colonisation, qui tend à s'unifier. Dès lors, l'espace pour le dialogue entre les cultures juridiques autochtones africaines et le droit français devant les juridictions béninoises s'amenuise. Par ailleurs, en matière de mise en œuvre des droits fondamentaux, le degré de juridicité des populations reste encore faible à cause de l'analphabétisme. Si certains justiciables portent leurs litiges devant les juridictions, beaucoup d'autres s'abstiennent de le faire et règlent autrement leurs différends. Ainsi, la dualité juridique officiellement abrogée en matière familiale, par exemple, semble persister en partie dans les faits.

Bibliographie

BOUVENET Gaston-Jean, *Recueil annoté des textes de procédure civile et commerciale applicables en Afrique occidentale française*, Paris, Éditions de l'Union française, 1954.

PAUTRAT René, *La Justice locale et la Justice musulmane en A.O.F.*, Rufisque, Imprimerie du Haut Commissariat de la République en A.O.F., 1957.

MÉDÉNOUVO Firmin, *Coutumier du Dahomey*, Présence béninoise, 2004.

7

Le juge à la jonction d'un pluralisme désordonné en Afrique centrale

Fabrice HOURQUEBIE

Il s'agit ici de livrer quelques observations à partir de plusieurs exemples qui semblent significatifs du rôle du juge dans la gestion du pluralisme juridique en Afrique centrale. Ces exemples, qui ressortent tant au droit public qu'au droit privé, sont empruntés à différents pays d'Afrique centrale francophone (zone que l'on peut associer au Burundi, Congo, Gabon, République démocratique du Congo, République centrafricaine et Rwanda) – et mettent en avant les idées développées notamment par Maryse Raynal et Charles Ntampaka dans plusieurs de leurs travaux significatifs ; tous ces États ayant le statut de membre de l'Organisation internationale de la Francophonie. Le fil directeur des développements repose sur un constat : celui de l'illégitimité du droit de l'État, en tout cas du point de vue endogène, qui engendre son ineffectivité. La nécessité de rechercher un droit (plus) adapté aux contraintes des sociétés africaines implique un rôle central du juge dans la mise en rapport des différentes sources de droit. Le juge, ou devrait-on écrire les juges (entendus dans leur acception la plus large) deviennent alors les artisans de la mise en relation des différentes sources et, si ce jeu d'assemblage fonctionne, de leur articulation. L'Afrique centrale francophone est un laboratoire très intéressant, peut-être même encore plus que l'Afrique de l'Ouest, en raison notamment de la double influence belge et française, car la question du pluralisme des droits se ressource à la tradition africaine « dont il serait absurde de méconnaître qu'elle demeure la source vive de tout le droit contemporain[1] ». C'est finalement sur l'analyse de la sanction juridique par un organe de décision, de quelque nature qu'il soit (juge de l'État, autorité coutumière du type Conseil des anciens, arbitre traditionnel ou tribunal spécial voire spécialisé), que cette contribution essaye d'apporter un éclairage. Ce qui implique, avant de s'interroger sur le point de savoir quels juges sont impliqués dans le dialogue des cultures, de se questionner sur la diversité des sources susceptibles d'être saisies par les juges.

La pluralité des sources en Afrique centrale francophone : quel contexte ?

L'idée de départ est simple : la diversité juridique implique la diversité judiciaire et jurisprudentielle.

Tous les travaux sur la vie du droit en Afrique centrale francophone mettent en évidence la coexistence sur ce continent, et particulièrement dans cet espace géographique, de plusieurs ordres juridiques. Ce multi-juridisme, c'est-à-dire l'« existence au sein d'une société déterminée de mécanismes juridiques différents s'appliquant à des situations identiques[2] », est la conséquence de la rencontre de l'Afrique avec plusieurs cultures juridiques largement issues des processus de colonisation mais aussi des droits traditionnels et des droits religieux que l'on peut

1. Jean Poirier, « Éléments de réflexion pour une théorie du droit africain », in Camille Kuyu (dir.), *À la recherche du droit africain du XXIe siècle*, Paris, Connaissances et Savoirs, 2005, p. 36.
2. Jacques Vanderlinden, « Essai de synthèse », in John Glissen (dir.), *Le pluralisme juridique*, Bruxelles, ULB, 1972.

regrouper sous le label, bien général, de « coutume africaine », ou encore de droits populaires[3]. Ainsi vont s'articuler les coutumes ancestrales africaines, le droit musulman, les coutumes islamiques, le droit moderne d'inspiration occidentale (française et belge notamment). Tout l'enjeu pour le législateur en amont et pour le juge en aval est d'ordonner de manière satisfaisante cette pluralité avec cette contrainte forte de la suprématie quasi généralisée du droit écrit (c'est-à-dire du droit étatique moderne, occidental) sur les règles coutumières (d'origine traditionnelle et donc ancestrale). Ainsi, très logiquement, au lendemain des indépendances, le système juridique hérité de la puissance coloniale a servi de modèle pour la création d'un droit nouveau destiné à promouvoir le développement de la société africaine. Cette prééminence voulue d'un droit que l'on peut qualifier de moderne dans les différents pays d'Afrique centrale a eu pour conséquence de creuser le décalage entre « l'officiel et le réel[4] ». Il y a d'un côté le droit officiel hérité qui se donne pour objectif (et pour alibi ?) d'accompagner les pays d'Afrique centrale sur la voie de la démocratie, de la construction de l'État de droit et de l'apaisement politique (pour le droit public), et sur la voie de l'encadrement des rapports interindividuels ainsi que de l'apaisement social (pour les différentes branches du droit privé). De l'autre, la situation réelle, qui échappe à ce droit « venu d'ailleurs » et qui continue à puiser sa légitimité et son acceptation dans des sources alternatives de droit (la coutume, la religion, etc.). Plus qu'une contradiction entre les sources, il s'agit bien ici d'un décalage des sources. D'où la question de savoir comment combler ce décalage et, en tout cas, comment ordonner la diversité de ces droits qui renvoient à deux héritages distincts dans leur chronologie et dans leurs justifications. Cette pluralité juridique étatique et infra-étatique amène le législateur d'abord et le juge ensuite (en tant qu'autorité de régulation

---

3. Charles Ntampaka, *Introduction aux systèmes juridiques africains*, Presses universitaires de Namur, n° 26, coll. « Travaux de la faculté de droit de Namur », 2005, p. 9 et suiv.
4. Camille Kuyu, « Introduction », in Camille Kuyu (dir.), *À la recherche du droit africain du XXIe siècle*, *op. cit.*, p. 15-16.

déléguée) à se situer dans cette situation de *cross-over* juridique. Soit les autorités officielles estiment qu'il ne peut y avoir de dialogue en l'espèce dans la mesure où, dans une logique verticale, ces sources de droit obéissent à une hiérarchie formelle ; soit, dans une logique horizontale cette fois, l'une est conçue comme un droit de principe et l'autre comme un droit qui peut déroger, mais seulement à certaines conditions. Et finalement l'absence de dialogue conduit à l'hégémonie de fait des droits hérités de la décolonisation (c'est bien souvent la posture des autorités étatiques en ce que cette préséance du droit occidental permet de jouer la carte de l'uniformisation et du gommage des différences bien souvent sources de conflits). Ou bien on considère que les droits issus des décolonisations sont des droits transitoires, qui permettent de combler les vides juridiques (tant sur le plan constitutionnel ou administratif que sur le plan civil) en attendant que les autorités nationales élaborent leur propre droit « contextualisé », c'est-à-dire prenant en compte le double héritage, colonial et coutumier. Le risque de cette conception est, paradoxalement, de consolider ce droit transitoire qui devient alors permanent, et donc prédominant, face à l'incapacité (et à l'absence de volonté) des autorités d'élaborer un droit propre, *sui generis*. La suprématie du droit étatique ressurgit, au détriment de la place légitime et attendue des coutumes traditionnelles, faisant céder le pluralisme juridique face à une forme de monisme hégémonique. Cette dernière hypothèse, pas plus que la précédente, n'est pas celle d'une rencontre des cultures juridiques. Si la diversité des droits est une valeur qui mérite d'être promue et sauvegardée par les juges, elle est en tout cas loin d'être une norme, avec sa dimension contraignante. Elle se retrouve dès lors bien souvent au cœur d'un monologue du juge dont l'office est limité et soumis au droit de l'État, plus qu'au cœur d'un véritable dialogue qui, quand il existe, est surtout sous tension.

Comment, donc, à la jonction de ce pluralisme désordonné, la conciliation peut-elle (ou doit-elle ?) être faite en Afrique centrale francophone ? Le juge intervient alors pour rétablir les articulations logiques (qu'elles soient hiérarchiques, circulaires ou horizontales) tout en étant lui-même saisi par cet enchevêtrement des sources. Le défi pour le juge en Afrique centrale francophone est bien celui de la remise en cohérence d'un droit diffus parce qu'irrigué par une polycentricité des foyers normatifs (la dimension normative étant entendue dans son sens le plus large). Il y a même certainement à voir des stratégies dans le jeu des acteurs afin de définir le droit le plus opérationnel possible, adapté aux contraintes et spécificités de la société d'Afrique centrale francophone.

La caractérisation de la diversité juridique au sein des systèmes de droit des pays d'Afrique centrale francophone implique de réfléchir au niveau infra-étatique et non interétatique[5] (la question ne présente alors qu'un intérêt limité puisqu'elle aboutit à la confrontation classique des deux grands systèmes de droit) ; ce qui permet de faire émerger les notions de droits religieux, droits traditionnels, droits populaires, droits coutumiers, etc.

Dans les pays d'Afrique centrale, comme en Afrique de l'Ouest d'ailleurs, on pourrait qualifier de droit populaire la famille des droits endogènes africains qui se distingue du droit moderne, de type occidental. Les règles existantes ne sont pas de stricte application, elles doivent servir au maintien des bonnes relations entre les vivants ; elles servent à trancher les différends mais en tenant compte davantage de la nécessité de rétablir l'harmonie sociale plutôt que d'appliquer les règles pour elles-mêmes. Toute violation d'une règle est donc avant tout ressentie comme un trouble social qu'il faut réparer. La multiplicité des peuples et la structuration de la société africaine sur la base du clan ou de l'ethnie impliquent donc une multiplicité de droits suivant l'organisation sociale du groupe, la nature des

5. Sur ces questions, voir les actes des deux séminaires de travail OIF-GRECCAP sur la diversité juridique : Fabrice Hourquebie (dir.), *La diversité juridique dans l'espace francophone*, Relevé de conclusions du séminaire de travail GRECCAP-OIF, Université Montesquieu Bordeaux IV, 2009 ; Délégation à la paix, à la démocratie et aux droits de l'Homme, *Promouvoir la diversité des cultures juridiques*, Paris, Organisation internationale de la Francophonie, novembre 2011.

contacts avec l'extérieur, etc. (particulièrement au Rwanda, au Burundi...), et semblent complexifier le rôle éventuel du juge dans l'agencement de ces droits, dans le respect des cultures qu'ils traduisent et donc de leurs spécificités.

Les particularités des droits traditionnels ou populaires sont les suivantes :

- ils vont déterminer les droits (subjectifs) des individus en fonction des charges qu'ils assument dans le groupe ;
- ils ne sont pas définitivement établis, la protection de l'individu étant parfois occultée par les nécessités d'assurer la cohésion du groupe (voir par exemple, dans le cas de la République centrafricaine, les procédés de sanction des atteintes à la personne ou aux biens) ;
- ils freinent le recours aux juridictions par les populations d'Afrique centrale, les juridictions étant vécues comme ne permettant pas de régler les conflits mais plutôt comme les entretenant (cf. les modes de contournement dans la société multiethnique centrafricaine). Le recours à la justice est en effet loin de favoriser la pacification des relations et l'apaisement dans la mesure où le fait de trancher le conflit par le juge et donc de traduire une personne en justice peut, au contraire, être interprété comme un refus de conciliation et une stigmatisation d'autrui. Au lieu de viser l'harmonie sociale, que doivent permettre les droits populaires, l'action en justice cristallise les oppositions et pérennise les rancœurs des parties (cf. par exemple les moyens de répression de la criminalité en Centrafrique).

Les sources de ces droits populaires sont aussi diverses que parfois inattendues (et c'est le cas dans la plupart des États d'Afrique centrale)[6]. On distinguera d'abord deux sources

6. Pour des précisions sur cette question, voir Charles Ntampaka, *Introduction aux systèmes juridiques africains*, *op. cit.*, p. 11-20. L'auteur décrit de manière systématique les différentes sources des droits populaires que nous reprenons ici, mais dans un ordre différent qui veut refléter le processus de métissage et le pluralisme également dans les mécanismes producteurs des droits traditionnels.

« normatives », que l'on va retrouver dans les systèmes de droit modernes :

- la coutume, avec ses deux éléments constitutifs : un usage répété et une pratique constante qui, par sa réitération, induit une acceptation et acquiert une force obligatoire auprès de la population. La coutume en Afrique centrale prend une dimension particulière en raison de la place des paramètres de l'ancienneté et du sacré dans la construction des groupes et des sociétés traditionnelles (Centrafrique, Rwanda) ;
- la jurisprudence : si on estime qu'avant la colonisation il était difficile de parler de pluralisme juridique, par définition (et bien qu'il existât déjà une pluralité des droits endogènes), la pluralisation du droit portée par la colonisation a nécessairement engendré ce que l'on pourrait appeler un « pluralisme jurisprudentiel », issu de l'hybridation judiciaire (sur le plan institutionnel, ce constat est particulièrement identifiable au Rwanda avec les gacacas, cf. *infra*). Certaines décisions des juridictions coutumières « pouvaient influencer l'évolution des pratiques de la population en créant des règles nouvelles ou en interdisant des comportements traditionnels[7] ».

On trouve plusieurs exemples pertinents dans les pays d'Afrique centrale sous ancienne influence belge ; les juridictions coutumières mises en place par l'autorité belge ont forgé des règles visant à modifier la coutume (mais une certaine transposition pourrait être faite aux pays d'Afrique de l'Ouest sous influence française, et on pense notamment ici au Bénin). Ce sont d'ailleurs des exemples quasi exclusivement liés au droit de la famille ou aux règles du commerce – qui sont les premiers champs « impactés » par le pluralisme juridique en raison de leur forte emprise sur le religieux et les questions liées aux statuts des personnes – et qui sont les plus révélateurs de la manière dont le juge gère le pluralisme juridique à la lumière des droits fondamentaux entendus dans une conception occidentale. Ainsi, un seul exemple – à ne pas généraliser pour

---

7. *Ibidem*, p. 16.

autant – est assez caractéristique de la confrontation des droits et surtout des cultures. Certains droits traditionnels reconnaissaient à l'homme

> « le droit de surprendre une fille sur laquelle il avait jeté son dévolu, mais dont les parents lui refusaient la main, et de l'épouser. Les parents se pliaient alors au fait accompli et attendaient la régularisation de l'alliance par la famille du garçon[8] ».

Un jugement du tribunal d'appel du Rwanda-Urundi du 12 novembre 1948 conclut au fait que cette pratique était contraire à la liberté individuelle de la femme :

> « Attendu qu'il est conforme au droit coutumier du mariage par rapt de se faire enlever à l'encontre de la volonté de la personne qui en est l'objet et qu'en l'occurrence, ceci est d'autant plus certain que la jeune fille qui, d'un milieu bien préservé et chrétien, n'a pas du tout été consultée avant l'entreprise dont elle fut victime ; attendu que l'ancienne coutume invoquée est contraire à l'article 2 de la charte coloniale garantissant la liberté individuelle ; et à l'ordre public[9]. »

Il ne faut bien entendu pas trop inférer de « l'exotisme » qui pourrait ressortir de ce type de jugement (on trouve des arrêts du même ordre à la Cour suprême du Rwanda notamment). Il y a derrière, et en toutes hypothèses, les effets de l'alignement juridique procuré par la colonisation. C'est le risque de la « mission civilisatrice » du droit français ou belge qui transparaît dans cet arrêt. L'analyse de la coutume au fond indique que la femme ne peut se rendre d'elle-même chez le mari, d'où

---

8. Rapporté in Charles Ntampaka, *Introduction aux systèmes juridiques africains*, *op. cit.*, p. 17, « la répression du mariage par ruse ». Et l'auteur de prendre d'autres exemples en matière de vocation successorale des filles, de succession de la veuve ou encore de prohibition de l'intérêt usuraire.
9. Bulletin des juridictions indigènes et du droit coutumier congolais, 1949, p. 412.

l'enlèvement. La question de fond est bien celle du consentement, question que l'on retrouve au cœur du droit de la famille, et particulièrement des contrats et donc du mariage, dans les codifications civiles occidentales.

Il faut ensuite évoquer les sources « physiques » des droits endogènes, c'est-à-dire les autorités qui, par leur statut social ou leur autorité morale, sont écoutées. Les paroles deviennent alors des sources de règles de comportement :

- le chef de famille, le chef de groupe, le chef de village : il représente l'autorité politique instituée, et les règles orales énoncées sont obligatoires pour les membres de la communauté sous peine de se voir infliger une sanction. Le pouvoir découle de la légitimité des ancêtres et de la transmission de pères en fils ;
- les autorités traditionnelles (politiques) : au Rwanda, « les décrets du Roi (Mwami) étaient proclamés par la batterie du tambour. Ils avaient force obligatoire sur les banyarwanda et ne se distinguaient des coutumes que par le seul fait qu'ils découlaient d'un acte unique et non d'une succession répétée d'usages[10] ». L'exécution de la règle devait suivre une certaine procédure, notamment la divination pour s'assurer la bonne grâce des ancêtres ou des dieux, la consultation des anciens, etc. Il existe plusieurs exemples de coutumes introduites par décision du roi indigène : entretien du feu sacré, semaine de cinq jours et un repos (!), suspension du contrat de servage pastoral[11] ;
- les échanges qui naissent de la pratique de la palabre et qui structurent les règles de comportement du groupe pourraient aussi être évoqués au titre des sources de droits endogènes des autorités traditionnelles tant la palabre contribue au resserrement et à la restauration du lien social et sociétal[12].

10. Charles Ntampaka, *Introduction aux systèmes juridiques africains*, *op. cit.*, p. 16.
11. Johane M. Pauwels, *Introduction au droit*, Butare, Université nationale du Rwanda, 1973.
12. Jean-Godefroy Bidima, *La palabre, une juridiction de la parole*, Michalon, Le Bien commun, 1997. Il existe plusieurs types de palabres

Ces quelques caractéristiques montrent bien le décalage entre les règles issues du droit occidental, imprégnées de sécurité juridique, d'uniformité et de stabilité, et les règles de droit populaire, marquées par l'oralité, la flexibilité et la différenciation. Là encore c'est bien au juge ou à ses homologues coutumiers ou religieux que reviendra le rôle de domestiquer le droit occidental ou au contraire de moderniser les droits endogènes dans une perspective de conciliation, même minimale.

Sur l'articulation du droit traditionnel avec les règles de droit écrit, il faut distinguer la période préalable aux indépendances des territoires d'Afrique centrale, de la période postérieure. Avant les indépendances, le principe général était celui de la primauté du droit écrit sur les droits traditionnels mais le champ d'application de ces derniers ne devait pas être sous-estimé, notamment dans les champs du droit pénal, du droit de la famille, des régimes matrimoniaux, du droit successoral ou du droit foncier. En toutes hypothèses, le droit populaire ne pouvait rester en vigueur qu'à condition de ne pas être contraire aux lois écrites qui l'avaient modifié ou réformé. Ainsi, au Congo belge, le mariage des filles impubères était interdit (statut de 1936) et la monogamie a été imposée, d'abord aux agents indigènes de la fonction publique (1948) puis à l'ensemble de la population (1950). Mais cette interdiction de la polygamie par la loi Massinon fut un exemple de loi difficilement applicable car motivée par le respect d'un ordre public universel qui n'avait pas sa place dans la société clanique congolaise, les populations considérant la polygamie comme une union normale préférable au divorce et au concubinage[13].

---

que l'on regroupera en deux : les palabres iréniques tenues en dehors de tout conflit (à l'occasion d'un mariage, d'une vente...) et les palabres agonistiques qui font suite à un différend. On ne traitera ici que de cette dernière forme qui se définit comme « la réduction d'un conflit par le langage, la violence prise humainement dans la discussion ». Voir B. Atangana, « Actualité de la palabre ? », *Études*, n° 324, 1966, p. 10.

13. René Massinon, « L'illusion civilisatrice dans les actes législatifs de la période coloniale », *Revue de civilisation burundaise*, 1983, p. 66-104 ;

Après les indépendances en Afrique centrale, le droit traditionnel a subsisté mais davantage dans la « clandestinité », en ce sens que bien que régissant encore les pratiques privées des populations il a été relégué au rang de source auxiliaire du droit écrit, alors même que l'indépendance aurait pu permettre de s'affranchir des références juridiques du pays colonisateur... Les droits coutumiers sont alors surtout maniés par le juge comme correctif à la rigueur, aux lacunes ou aux absences de la règle de droit écrit (Burundi, République démocratique du Congo). Mais dans les domaines encore non investis par le droit écrit, la règle coutumière reprend de la vigueur et a force de loi, s'imposant aux juges et aux tiers, sous réserve de respecter l'ordre public[14]. Un exemple caractéristique est l'article 7 de l'accord d'Arusha pour la paix et la réconciliation au Burundi du 28 août 2000 qui précise que les institutions traditionnelles auxquelles il se réfère doivent être comprises au regard de leur contenu coutumier. Ainsi, l'alinéa 26 pose comme principes « [...] l'éducation de la population et particulièrement des jeunes, aux valeurs culturelles traditionnelles positives telles que la solidarité, l'entraide sociale [...], Ibanga (secret et sens des responsabilités), Ubupfasoni (dignité ou respect d'autrui et de soi-même), et Ubuntu (humanisme et personnalité) », alors que l'alinéa 27 dispose « la réhabilitation de l'ordre d'Ubushingantahe », manière coutumière de rendre la justice[15].

Cette régulation de la diversité juridique appelle nécessairement un arbitre. Le juge, pourquoi pas ? Mais la tradition de méfiance des sociétés traditionnelles à son encontre n'en fait peut-être pas l'acteur le mieux armé pour organiser le dialogue des cultures juridiques. Néanmoins, par son statut et son office, il est au cœur – qu'il le veuille ou non – de la tension entre les

---

cité dans Charles Ntampaka, *Introduction aux systèmes juridiques africains*, *op. cit.*, p. 95.

14. Charles Ntampaka, *ibidem*, p. 98.
15. Accord d'Arusha pour la paix et la réconciliation au Burundi, protocole n° I, Nature du conflit burundais, problèmes de génocide et d'exclusion et solutions, article 7, alinéas 26 et 27, cité notamment dans Charles Ntampaka, *ibidem*.

droits. Tension qu'il va devoir transformer en véritable dialogue au service de l'internormativité, au risque de changer les droits traditionnels en droits mineurs et de favoriser, au mieux, leur assimilation par le droit étatique et, au pire, leur subsumption dans le droit étatique.

La pluralité des juges en Afrique centrale francophone : quel dialogue ?

La pluralité des droits induit la concurrence des juges et donc la nécessité de structurer un discours. L'enjeu est celui de la forme qu'il va prendre.

L'exercice de la justice dans la société africaine prend un sens tout à fait particulier. D'abord parce que la justice peut être rendue par des autorités que le droit de l'État ne reconnaîtrait pas en tant que juges (comme les sorciers, les devins en République centrafricaine), ou par les chefs de village en tant qu'anciens en liaison avec les divinités, ou par le chef de famille en tant que patriarche habilité à apaiser les conflits entre les membres. Il peut mettre fin au conflit mais peut aussi saisir le conseil des anciens pour une décision collective en recherchant la conciliation des parties et non l'humiliation par l'application de la règle de droit ; aucune distinction n'existe ici entre les actions civiles ou pénales, toutes celles mettant en cause l'unité de la famille devant être jugées pour ramener l'unité le plus rapidement possible. La décision est immédiatement exécutée sans possibilité de contestation. Ensuite parce que la finalité de la justice n'est pas celle nécessairement qui lui est assignée dans l'État de droit (et cela découle du sens des droits endogènes et des raisons pour lesquelles ils ont été créés et ont pu subsister, cf. *supra*).

En réalité, la justice traditionnelle dans les pays d'Afrique centrale est une justice largement préventive. Le recours à la justice est toujours précédé de mécanismes de régulation des tensions et des désordres qui ont pour but de les canaliser et de les apaiser. Cela s'explique par le fait que la société traditionnelle africaine est avant tout une société sacrée, communielle et finalement peu structurée[16]. Le sens de la justice traditionnelle est de parvenir à la réconciliation et à l'équilibre de la communauté par des voies plus conformes aux usages que par la mobilisation technique de la règle de droit stricte. Le constat qui peut être fait dans la plupart des pays d'Afrique centrale est un rejet par les populations d'une justice institutionnelle qu'elle ne comprend pas car elle est, notamment, trop éloignée (même si en Centrafrique se développe la pratique des audiences foraines ; en particulier pour les affaires criminelles normalement jugées par la Cour criminelle de Bangui). La problématique du coût n'est pas absente car la justice moderne, par le formalisme procédural qu'elle implique, emporte des conséquences financières qui peuvent être difficilement supportables par les justiciables. Au contraire, la justice coutumière est une justice de conciliation, de pacification, d'arbitrage et de restauration de la solidarité là où la justice moderne risque d'aggraver les tensions en disant le droit et en rendant à chacun son dû[17].

Le pluralisme juridique réduit à sa dichotomie droit écrit colonial/droits coutumiers a eu pour conséquence de créer, dans les États de l'Afrique équatoriale française (mais on pourrait transposer aux États sous domination belge), une dualité de statuts : un statut indigène, reconnu aux autochtones de l'Afrique équatoriale française par un décret du 12 mai 1910, à côté du statut français[18]. D'où la juxtaposition de deux types de justice, l'une pour les Africains, l'autre pour les Européens. Les tribunaux indigènes pouvaient appliquer le droit coutumier tant

---

16. Maryse Raynal, *Justice traditionnelle, justice moderne. Le devin, le juge, le sorcier*, Paris, L'Harmattan, coll. « Logiques juridiques », 1994, p. 23-25.
17. Pour une remarquable description du fonctionnement des tribunaux coutumiers et des autorités répressives en République centrafricaine, voir Maryse Raynal, *op. cit.*, p. 178 et suiv.
18. Sur cette question, voir l'ouvrage de Yerri Urban, *L'indigène dans le droit colonial français, 1865-1955*, Paris, LGDJ, 2011.

que celui-ci n'allait pas à l'encontre des valeurs fondamentales de la culture occidentale (cf. *supra* l'articulation entre les droits endogènes et le droit écrit d'inspiration occidentale). Finalement cette clause limitative avait pour but d'atteindre l'essence même de la justice coutumière, notamment en supprimant tout recours aux preuves supranaturelles[19] ; de même que les tribunaux coutumiers qui n'ont que très rarement survécu à la vague des indépendances (la loi du 23 décembre 1965 portant organisation judiciaire les a ainsi supprimés en République centrafricaine[20]; quelques subsistances, sous une forme nouvelle au Rwanda, cf. *infra*).

Malgré la déculturation consécutive aux indépendances, la justice moderne reste très mal comprise par les populations d'Afrique centrale ; à tel point que l'on peut parler d'une résurgence (clandestine) des tribunaux coutumiers dans la plupart des ordres juridiques des pays de la région[21]. Cela est notamment dû au fait que ces tribunaux, d'une part, sont les plus adaptés aux mentalités traditionnelles et à la structure de la société (que ce soit en Centrafrique, au Rwanda, au Burundi, etc., où plus de 80 % de la population est rurale), et, d'autre part, semblent les plus capables de saisir les croyances et les habitudes ancestrales. C'est finalement une sorte de principe de subsidiarité qui commande l'usage de ces tribunaux coutumiers dans une société où les notions de proximité, de cohésion sociale, de groupe et d'apaisement sont cardinales.

Il découle de cette idée de subsidiarité une interrogation sur l'articulation des niveaux de justice (coutumières entre elles d'une part, et moderne et coutumière d'autre part). En prenant l'exemple de la République centrafricaine (et c'est ici une piste

19. Maryse Raynal, *op. cit.*, p. 13 : « Convaincus de la supériorité de leur culture et considérant le droit répressif traditionnel comme particulièrement barbare, les colonisateurs conçurent le droit comme l'outil privilégié du progrès. »
20. *JORCA*, 15 janvier 1966, p. 26.
21. « La justice traditionnelle, en devenant hors la loi, s'est souvent travestie, peut-être pour mieux se protéger et survivre », Maryse Raynal, *op. cit.*, p. 14.

que l'on pourrait peut-être généraliser), on pourrait considérer que la Cour suprême doit jouer un rôle essentiel dans le maintien de la coexistence entre les ordres de juridictions. En sortant du rôle strict de vérification de la bonne application de la règle de droit, elle pourrait bénéficier d'une marge de manœuvre large pour interpréter, corriger un droit coutumier désuet ou inadapté[22]. Dans le prolongement, et conformément au rôle des Cours suprêmes dans les États de droit, elle pourrait être un outil de régulation des juridictions inférieures (coutumières et modernes). Encore faut-il que les juges coutumiers puissent accepter cet office d'une Cour qui bien qu'étant au sommet de la pyramide judiciaire, échappe largement à leur confiance... La rationalisation de l'exercice de la justice et la restauration de la confiance envers les juges sont peut-être à ce prix.

On touche alors ici la question des modes d'appropriation des cultures et systèmes juridiques d'origine extra-étatique par le juge moderne (ici la Cour suprême) et, à l'inverse, le moyen de porter à la connaissance des institutions et autorités coutumières le droit étatique. Plusieurs leviers d'action peuvent être envisagés (et certains programmes de coopération aujourd'hui portés par l'Organisation internationale de la Francophonie vont dans ce sens, que ces programmes soient déployés en Afrique de l'Ouest ou en Afrique centrale) :

- la formation : les enseignements reçus par les juges de la Cour suprême en République centrafricaine ou dans la plupart des pays d'Afrique centrale sont purement d'inspiration occidentale ; il s'ensuit l'application d'un droit hermétique aux populations ;
- des enseignements adaptés : il conviendrait d'inclure dans la formation des juges des cours d'anthropologie du droit, de sociologie du droit, de droit comparé africain ;
- une sensibilisation des juges aux problèmes que soulève l'inadéquation du droit aux réalités sociologiques, pour qu'ils puissent prendre conscience des problèmes humains et matériels auxquels ils vont être nécessairement confrontés.

22. *Ibidem*, p. 307.

Cela implique que les juges acceptent de faire évoluer leurs missions : ils doivent accepter d'être des arbitres, conciliateurs comme dans les justices traditionnelles, pour sauvegarder l'harmonie du groupe et renforcer la place du principe d'équité. Ce constat est d'autant plus vrai que la plupart des juges sont étrangers à la région où ils exercent leurs fonctions ; ce qui implique qu'ils refusent de tenir compte des coutumes locales, pérennisant ainsi l'artificialité de la justice moderne[23].

Trois illustrations viennent rendre compte, à différents niveaux, de ces enjeux.

D'abord, la sanction des crimes (et des autres infractions aux biens ou aux personnes) en République centrafricaine est particulièrement illustrative de la coexistence des justices dans le règlement des litiges, coexistence qui aboutit bien souvent à l'exclusion de la justice moderne qui découle elle-même du pluralisme juridique et de la primauté bien souvent accordée aux droits endogènes dans la matière criminelle. Comme on l'a indiqué, la société traditionnelle centrafricaine insiste sur la prévention (mécanismes de régulation des tensions) pour éviter que la paix sociale du groupe ne soit bouleversée (problématique d'ailleurs transposable aux autres États d'Afrique centrale).

La matière criminelle se prête particulièrement à l'étude ici, car il y a toujours, au fond, l'atteinte à un ou plusieurs droits fondamentaux de l'individu (entendus au sens moderne du terme) jusqu'à porter atteinte au plus fondamental des droits individuels qui est le droit à la vie et le respect de l'intégrité physique. Il y a donc presque un paradoxe à envisager une régulation (pour ne pas dire une sanction) coutumière aux différentes formes de criminalité, et ce même si cette prise en charge

23. *Ibidem*, p. 307. L'auteur relève qu'il est difficile d'atteindre ces objectifs surtout au niveau des juridictions inférieures en République centrafricaine. Ainsi, « installer de jeunes magistrats auprès des juridictions les plus proches de la population des campagnes est une grave erreur, surtout dans [des] pays où règne encore une gérontocratie qui se veut synonyme de sagesse. Certes, on peut y gagner en technicité, mais on perd une certaine philosophie, une certaine éthique de la justice », *ibidem*, p. 308.

coutumière de la criminalité n'est bien entendu pas exclusive d'un recours à la justice moderne, mais recours qui s'envisagera davantage en dernière solution. En toutes hypothèses, cela soulève plusieurs questions liées, d'une part, à l'affaiblissement des structures étatiques centrafricaines – le défaut de solidité de l'État induit la résurgence du local et donc des droits coutumiers et de la justice coutumière – et, d'autre part, aux raisons culturelles du recours à la justice coutumière – l'autre forme de justice est-elle à ce point culturellement inadaptée à ce que la société considère comme juste ? Les facteurs liés au coût, à l'alphabétisation, etc., sont-ils déterminants dans le contournement de la justice moderne ? Dans tous les cas, c'est la question de la déjudiciarisation et de l'émergence de mécanismes endogènes de justice qui est posée.

Nous voulons ici mettre en exergue quelques conclusions et constats auxquels Maryse Raynal[24] a abouti dans son important et remarquable travail de recherche sur la manière dont la criminalité était réprimée et sanctionnée en Afrique centrale. Il s'agit de ne donner que quelques aperçus, qui posent autant de questions qu'ils apportent de réponses.

- Qui incarne la justice (au sens de justice divine) ? D'une part, le devin (le Wama) : face à un crime mystérieux le premier réflexe de la famille dans la société centrafricaine est la consultation du devin. On n'a recours aux modalités de preuve que dans un deuxième temps, quand l'art divinatoire n'a pas fonctionné. « Le devin bénéficie d'une place privilégiée dans la hiérarchie sociale en tant que garant de l'ordre cosmologique et de ses rapports étroits avec les esprits de la forêt, les génies de la brousse, etc. » ; il met ainsi en œuvre une sorte de justice divine[25]. D'autre part, le forgeron : la forge est le lieu privilégié où règne la sérénité ; les palabres y sont interdites, le sang ne doit pas y couler et le délinquant peut y trouver refuge. Pour toutes ces raisons, auxquelles on doit ajouter la valeur symbolique du feu dans la société traditionnelle, le

24. *Ibidem.*
25. *Ibidem*, p. 69-70 notamment.

forgeron apparaît comme l'arbitre suprême dans la société traditionnelle centrafricaine[26].

– Quelles sont les infractions (les atteintes) envisagées ? C'est-à-dire quel est le spectre des offenses susceptibles d'entrer dans le champ de la justice coutumière ? Particulièrement intéressantes sont les atteintes à la sacralité (par exemple la souillure de la terre)[27] en raison du symbolisme qu'elles impliquent, la problématique foncière étant un des enjeux les plus importants en Afrique centrale ; et – de manière inattendue et incongrue – les atteintes aux personnes (homicides)[28] avec un déplacement du sens du crime : la faute est moins envers la victime et les membres de sa famille qu'envers les ancêtres qui habitent la terre (et on rejoint alors les conséquences d'une atteinte à la sacralité, pivot de la structuration de la société traditionnelle africaine).
– En découle alors un questionnement nécessaire sur les modes d'administration de la preuve, dans la mesure où ils ont pour conséquence de porter à la connaissance des juges les coutumes. Il peut donc s'agir d'oracles (instruments de divination, consultation des végétaux, consultation des esprits, des cadavres...), de serments, de témoignages[29]. Les questions qui se posent et qui découlent encore du pluralisme des droits dans une logique de dialogue des cultures juridiques sont, d'un côté, l'articulation de modes de preuves coutumiers avec la justice moderne, et, de l'autre, en corollaire, le crédit accordé à chacun d'entre eux, crédit dont on comprend bien qu'il est d'autant plus établi que l'autorité de justice qui y recourt n'est pas l'autorité officielle.

26. *Ibidem*, p. 71-73. L'auteur relève d'ailleurs que « la mort du forgeron symbolise la mort du village. Ainsi lorsqu'on déclare la guerre à un village, on s'arrange pour tuer d'abord le forgeron qui détient la science du feu. Privé de ce personnage hors du commun, le village se sent fragilisé », *ibidem*, p. 73.
27. *Ibidem*, p. 75-80.
28. Sur la question des atteintes contre les personnes et particulièrement les meurtres propitiatoires et les homicides, voir Maryse Raynal, *op. cit.*, p. 92-106.
29. *Ibidem*, p. 217 et suiv.

– Quels sont alors les mécanismes de sanction de ces formes de criminalité ? Les sanctions naturelles et sociales sont indissociables car « il existe toujours la menace latente de la malédiction des forces divines[30] ». Le principe de proportionnalité des délits et des peines existe, en quelque sorte, dans le système coutumier centrafricain puisque est établie une échelle de sanctions en fonction de la gravité de l'atteinte. La différence réside dans l'appréciation de la gravité qui est ici entendue comme la perturbation de l'ordre cosmique et social (encore une fois c'est l'intérêt du groupe qui prime sur l'intérêt individuel ou particulier)[31]. Les sanctions de la justice coutumière peuvent donc être supranaturelles, patrimoniales, pénales, psychologiques, ou le recours à la guerre. Il faudrait nuancer encore par le degré de structuration de la société dans laquelle le crime est commis. « Dans les sociétés d'Afrique centrale structurées, des sanctions plus politiques que sacrées sont rendues. Au contraire chez les groupes pygmées, des sanctions plus diffuses s'expriment par le ridicule ou le mépris[32]. »
– Quelles sont en conséquence les autorités répressives saisies ? Un faisceau d'indices relatif à la nature de l'atteinte, au coupable présumé (est-il connu ou non), aux preuves fournies, permet de déterminer s'il convient de saisir un devin, un prêtre, un arbitre ou un juge[33]. La procédure judiciaire est donc soit de droit coutumier, soit de droit moderne. Mais avec des finalités opposées : là où la procédure moderne vise à sanctionner et rétablir l'ordre social humain, la procédure coutumière tend à rétablir le pacte passé avec les divinités, pacte qui a été violé par le crime commis.

Ce « mode de répression indigène » se maintient donc, en matière criminelle, contrairement à l'Afrique de l'Ouest où il est

30. *Ibidem*, p. 278.
31. « Dans tous les cas, le but ultime de la sanction sera la restauration de l'ordre cosmique perturbé par l'infraction », *ibidem*, p. 279.
32. *Ibidem*, p. 280.
33. *Ibidem*, p. 178.

interdit par décret. Il y a cependant d'autres hypothèses en Afrique centrale dans lesquelles plus qu'une coexistence, voire une exclusion entre les formes de justice, le pluralisme des droits a induit une hybridation des juridictions. Le Rwanda et le Burundi en sont deux exemples caractéristiques.

Ainsi, un exemple certainement plus connu et particulièrement illustratif de la coexistence des juges, de la pluralité des droits applicables et surtout de l'hybridation qui peut en résulter est celui de l'instauration des gacaca au Rwanda, encore appelés « justice du gazon » car il s'agissait à l'origine d'un espace ouvert où les anciens de la famille s'asseyaient pour résoudre les conflits entre ses membres et avec des tiers[34]. Depuis 2001, le Rwanda s'est doté d'institutions judiciaires gacaca pour juger les personnes soupçonnées d'avoir pris part au génocide et commis des crimes contre l'humanité en 1994. Les gagaca sont indubitablement une juridiction issue du métissage entre la justice traditionnelle et la justice moderne, et la résultante d'une forme de dialogue des cultures, un peu particulier certes, mais de dialogue quand même, le législateur voulant s'appuyer sur l'existant (avec la légitimité de la coutume) pour sanctionner le nouveau (le crime de génocide).

Ce qu'il faut bien percevoir sous l'angle de la pluralité des sources et du dialogue des cultures, c'est l'évolution des gacaca. Cette justice était traditionnellement l'attribution du chef de la communauté ; le conseil des anciens entendait les parties et la décision était prise immédiatement et publiquement. Le gagaca condamnait à des amendes et à des dommages et intérêts. La logique étant celle de l'apaisement, quand l'amende consistait dans le versement de cruches de bière, la réconciliation se faisait par le partage de la bière par exemple. Mais la sanction pouvait être très sévère et aller jusqu'à l'exclusion de la famille du membre insoumis[35]. Le pluralisme juridique et les forces de

34. Charles Ntampaka, « Le retour à la tradition dans le règlement des différends, le gacaca », *Dialogue*, n° 186, 1995, p. 95-104.
35. Charles Ntampaka, *Introduction aux systèmes juridiques africains*, *op. cit.*, p. 53.

pénétration du droit occidental issu du pays colonisateur ont eu pour conséquence de permettre aux populations de recourir aux juridictions, le maintien des pratiques traditionnelles dans des domaines régis par le droit écrit étant considéré comme preuve de résistance de la population mais aussi comme signe d'incompréhension. Cela a fini par miner le système traditionnel gacaca et par favoriser le recours à la voie juridictionnelle dans le règlement de la plupart des conflits. La conséquence la plus importante et immédiate est la transformation de l'office des gacaca et une évolution de leurs pratiques : au lieu de recourir au chef de famille, les personnes en conflit demandent l'intervention de personnes influentes et professionnelles (enseignants, membres des administrations locales...)[36]. Les tribunaux de canton, juridiction de base au Rwanda, ont obligé les personnes qui introduisent des recours à prendre l'avis des responsables administratifs locaux, faisant de ces derniers le passage obligé, sorte de filtre, avant de saisir les juridictions. Ainsi au lendemain de l'indépendance, et surtout à partir de 1975, « le gacaca est devenu une juridiction arbitrale sous la direction d'un responsable administratif[37] ». Ce qui induit trois conséquences : d'abord, le déplacement de la signification de cette justice puisque les réunions familiales ne permettent plus la conciliation contrairement au recours aux autorités politiques et administratives ; ensuite, l'exécution sur place de la sentence arbitrale rendue par le gacaca[38] ; enfin une juridictionnalisation toujours plus poussée du système puisque les compétences s'étendent aux conflits mineurs avec possibilité d'appel. La justice gacaca est désormais une véritable instance politique parallèle aux tribunaux, dont le procès-verbal sert de fondement aux tribunaux éventuellement saisis par la suite d'une contestation. Et c'est du fait de la mutation de cette institution que « le législateur rwandais a décidé de recourir à ce système d'essence

36. *Ibidem*, p. 54-55.
37. *Ibidem*.
38. Un procès-verbal est dressé pour poursuivre éventuellement l'affaire devant le tribunal de canton.

traditionnelle pour résoudre le contentieux du génocide et des crimes contre l'humanité dans ce qu'il a appelé la justice participative[39] ».

C'est ainsi que le 12 octobre 2000, devant les retards accumulés dans les contentieux issus du génocide, l'Assemblée nationale de transition vote une loi instituant les juridictions gacaca[40], qui deviennent une forme de justice pénale inspirée du droit traditionnel rwandais « qui permet à la population, sans l'assistance d'un magistrat, de conduire des enquêtes, établir des preuves d'infractions, utiliser les témoignages et établir des sanctions[41] ». Le gacaca nouveau, en raison de son rôle d'instruction, d'enquête et d'écoute prend la forme d'une sorte de Comité vérité mais aux attributions bien plus étendues, ne serait-ce que par le traitement judiciaire qu'il peut entreprendre. C'est le principe de l'hybridation qui sert de fil directeur aux gacaca : hybridation tant dans la composition (assemblée populaire élue dans laquelle il n'y a ni procureur ni avocat, l'accusé étant face aux juges dans une séance publique à laquelle participe toute personne intéressée) que dans les procédures suivies qui s'inspirent à la fois du droit écrit (et sont critiquées à la lumière du manque d'indépendance, de l'absence de contradiction suffisante, de la garantie des droits de la défense) et des mécanismes coutumiers hérités des premières formes de gacaca.

Finalement, les gacaca représentent une justice d'inspiration traditionnelle qui juge de la participation à un crime de génocide au sens du droit pénal international moderne. Ce qui a pu poser bien entendu aussi la question de la complémentarité, une nouvelle fois, avec la justice pénale internationale et notamment

---

39. Charles Ntampaka, *Introduction aux systèmes juridiques africains*, *op. cit.*, p. 55.
40. Loi organique n° 40/2000 du 26 janvier 2001 portant création des juridictions gacaca et organisation des poursuites des infractions constitutives du crime de génocide ou de crime contre l'humanité, commises entre le 1er octobre 1990 et le 31 décembre 1994, *JO* 2001, n° 6, p. 66 ; modifiée par la loi organique n° 33/2001 du 22 juin 2001, *JO* du 15 juillet 2001 n° 14, p. 15 ; et modifiée par la loi organique n° 16/2004 du 19 juin 2004, *JO* 19 juin 2004, p. 59.
41. *Ibidem*, p. 56.

le TPI pour le Rwanda. Quels sont les niveaux d'articulation ? Le travail des gacaca a-t-il servi ou freiné la justice pénale internationale *ad hoc* ? Et la sert-il encore aujourd'hui en dépit de la disparition du TPR ? Était-ce une sorte de pré-instruction ou un véritable travail de fond pour collecter les informations relatives aux auteurs de crimes (rappelons que la mission première assignée était de faire connaître la vérité par l'interrogation de témoins et d'éradiquer l'impunité par l'identification des criminels...) ? Le pluralisme juridique et le dialogue des cultures ne doivent pas conduire à la confusion...

Le dernier exemple intéressant de métissage des droits et de dialogue des cultures est celui des bashingantahe au Burundi[42]. La philosophie est proche de celle des gacaca traditionnels puisque le bashingantahe est une institution juridique et sociale de médiation qui tranche les différends au sein de la population dans un esprit de juridiction de proximité. Cette institution est reconnue par les pouvoirs coutumiers et par le Code burundais d'organisation et compétence judiciaire qui donne compétence aux bashingantahe (visés sous le nom de Conseil de notables) le soin d'assister les juridictions (les tribunaux de résidence, donc l'échelon le plus bas) que l'on pourrait qualifier de droit commun. Cette forme de justice traditionnelle n'est donc pas obligatoire, « sauf comme passage nécessaire vers les tribunaux[43] » : les parties ne peuvent accéder au tribunal que si la conciliation a été épuisée et qu'elle a été un échec (les échanges et les conclusions du Conseil de notables étant consignés dans un procès-verbal). Mais elle apparaît comme essentielle au vu du « potentiel judiciaire » sur le territoire burundais, puisque la justice de l'État y est présente dans l'ensemble des 129 communes. À la base, les

42. Charles de Lespinay, « Valeurs traditionnelles, justice de proximité et institutions (Rwanda et Burundi) », in Émile Mworoha, *Construire l'État de droit*, Paris, L'Harmattan, 2000 ; Philippe Ntahombaye, *L'institution des Bashingantahe en tant que mécanisme traditionnel de prévention et de résolution pacifique des conflits au Burundi*, Unesco, 1996.
43. Charles Ntampaka, *Introduction aux systèmes juridiques africains*, *op. cit.*, p. 71.

134 tribunaux de résidence, qui comptent au minimum trois juges professionnels chacun, interviennent dans un très grand nombre de conflits du quotidien. La difficulté est que, depuis 2005, le choix du législateur s'est porté vers une plus grande professionnalisation de la justice de l'État et vers une remise en question du rôle des bashingantahe dont la fonction avait été fortement politisée par les régimes précédents[44].

Dans toutes ces hypothèses, les cultures juridiques essayent de dialoguer. Le dialogue est parfois forcé ; il est en tout cas bien souvent dominé par la source de droit écrit, étatique, freinant toute tendance à l'internormativité. Et le juge, pivot de l'articulation des droits, a bien souvent du mal à agencer cette diversité juridique, nonobstant le fait qu'il soit lui-même, parfois, objet de cette diversité. Faut-il s'en inquiéter ? Pas nécessairement. Mais cela révèle que le dialogue des cultures juridiques, sous son apparente richesse, est en réalité un défi permanent et sans cesse renouvelé qui interpelle l'État sur les difficultés de gestion de la pluralité des droits dans le respect de la diversité des cultures.

Bibliographie

ATANGANA B., « Actualité de la palabre ? », *Études*, n° 324, 1966.

BIDIMA Jean-Godefroy, *La palabre, une juridiction de la parole*, Michalon, Le Bien commun, 1997.

44. Dominik Kohlaghen, « Les Bashingantahe écartés de la loi : la place de la justice traditionnelle burundaise après la loi communale de 2010 », in Stefaan Marysse, Filip Reyntjens et Stef Vandeginste, *L'Afrique des Grands Lacs. Annuaire 2009-2010*, Paris, L'Harmattan, 2010. Sur ces questions, voir le récent rapport de Dominik Kohlaghen, *Les défis de la justice de proximité au Burundi. Synthèse de la réflexion nationale de 2011*, Bujumbura, Ministère de la Justice du Burundi, décembre 2011.

DÉLÉGATION À LA PAIX, À LA DÉMOCRATIE ET AUX DROITS DE L'HOMME, *Promouvoir la diversité des cultures juridiques*, Paris, Organisation internationale de la Francophonie, novembre 2011.

HOURQUEBIE Fabrice (dir.), *La diversité juridique dans l'espace francophone*, Relevé de conclusions du séminaire de travail GRECCAP-OIF, Université Montesquieu Bordeaux IV, 2009.

KOHLAGHEN Dominik, « Les Bashingantahe écartés de la loi : la place de la justice traditionnelle burundaise après la loi communale de 2010 », in Stefaan Marysse, Filip Reyntjens et Stef Vandeginste, *L'Afrique des Grands Lacs. Annuaire 2009-2010*, Paris, L'Harmattan, 2010.

—— *Les défis de la justice de proximité au Burundi. Synthèse de la réflexion nationale de 2011*, Bujumbura, Ministère de la Justice du Burundi, décembre 2011.

KUYU Camille (dir.), *À la recherche du droit africain du XXIe siècle*, Paris, Connaissances et Savoirs, 2005.

LESPINAY Charles de, « Valeurs traditionnelles, justice de proximité et institutions (Rwanda et Burundi) », in Émile Mworoha, *Construire l'État de droit*, Paris, L'Harmattan, 2000.

MASSINON René, « L'illusion civilisatrice dans les actes législatifs de la période coloniale », *Revue de civilisation burundaise*, 1983.

NTAHOMBAYE Philippe, *L'institution des Bashingantahe en tant que mécanisme traditionnel de prévention et de résolution pacifique des conflits au Burundi*, Unesco, 1996.

NTAMPAKA Charles, « Le retour à la tradition dans le règlement des différends, le gacaca », *Dialogue*, n° 186, 1995.

—— *Introduction aux systèmes juridiques africains*, Presses universitaires de Namur, n° 26, coll. « Travaux de la faculté de droit de Namur », 2005.

PAUWELS Johane M., *Introduction au droit*, Butare, Université nationale du Rwanda, 1973.

POIRIER Jean, « Éléments de réflexion pour une théorie du droit africain », in Camille Kuyu (dir.), *À la recherche du droit africain du XXIe siècle*, Paris, Connaissances et Savoirs, 2005.

RAYNAL Maryse, *Justice traditionnelle, justice moderne. Le devin, le juge, le sorcier*, Paris, L'Harmattan, coll. « Logiques juridiques », 1994.

SOHIER Jean, *Répertoire général de la jurisprudence et de la doctrine coutumière du Congo et du Rwanda-Urundi jusqu'en 1953*, Bruxelles, Larcier, 1957.

URBAN Yerri, *L'indigène dans le droit colonial français, 1865-1955*, Paris, LGDJ, 2011.

VANDERLINDEN Jacques, « Essai de synthèse », in John Glissen (dir.), *Le pluralisme juridique*, Bruxelles, ULB, 1972.

8

La jurisprudence et l'organisation des tribunaux de l'Afrique de l'Ouest : de l'oralité des décisions des chefs coutumiers à la publication sur Internet des arrêts des cours suprêmes

Guillaume ADREANI

La coutume et la jurisprudence semblent à l'heure des nouvelles technologies et de la mondialisation de l'information juridique deux notions bien éloignées. Si la coutume renvoie à des pratiques anciennes souvent difficiles d'accès, la jurisprudence, par sa présence sur Internet dans de nombreuses bases de données, connaît une diffusion à une grande échelle.

Combiner les deux notions semble délicat alors que la diffusion de la jurisprudence africaine commence à émerger. L'Europe, l'Asie et le continent américain ont réussi le pari de faire connaître la production juridique de leurs cours suprêmes judiciaires. Si le monde francophone est en retard, ce n'est pas en raison du manque de volonté des magistrats et des juristes francophones, c'est à cause de notre droit continental, ancien et précis, qui n'est pas aussi valorisé que dans les pays de *common law*.

Entraîné par le phénomène de la mondialisation des échanges, des personnes et des capitaux, le droit s'est internationalisé. Le continent africain suit ce même mouvement et fait des efforts considérables pour faire connaître ses textes de loi, sa jurisprudence et sa doctrine.

Sans recourir à une approche anthropologique sur les caractères de l'oralité des décisions des chefs coutumiers, très largement étudiés, il est nécessaire de recourir à une étude descriptive et analytique de l'organisation des cours et tribunaux de l'Afrique de l'Ouest. L'abord sous l'angle de l'organisation et du fonctionnement des juridictions ne masque pas une certaine réalité, celle du règlement des affaires civiles et pénales hors des institutions étatiques. Difficile à quantifier par son caractère non officiel, le recours au chef de village ou au chef coutumier reste la norme dans nombre de pays africains.

Quatre étapes-clés ont été identifiées dans l'histoire de la justice en Afrique de l'Ouest : la jurisprudence des origines, la jurisprudence des tribunaux issus de l'AOF (depuis 1857), puis leur consolidation pendant la période allant de 1931 à 1946, et enfin la situation moderne.

La jurisprudence des origines : l'oralité des décisions

La première définition de la jurisprudence en Afrique peut être donnée au regard du développement des « royautés, en tribus et en clans[1] ». Dès lors que l'autorité de trancher des litiges est attribuée à un chef, qu'il soit chef de famille, de tribu

1. Voir la contribution de Monsieur Jacques Mayaba, président de la chambre judiciaire de la Cour suprême du Bénin, dans le présent ouvrage.

ou roi, sa décision est qualifiée d'acte juridique. L'ensemble des décisions rendues, qui vont avec le temps devenir prévisibles, peut être qualifié de jurisprudence.

Si nous avons l'image, en Europe, de saint Louis rendant la justice sous un chêne, figure titulaire du premier juge « de cassation », car ses décisions étaient rendues sans voie de recours possible, le chef coutumier africain doit être respecté et appréhendé sans *a priori*. L'analogie vaut également pour la justice de l'Ancien Régime caractérisée par la présence du seigneur, véritable « chef » sur son domaine.

Droit non écrit et transmis oralement, l'accumulation de principes propres à un groupe restreint d'individus va créer une série de normes qui vont s'appliquer de la même manière que sous les formes que nous connaissons, juristes européens, du décret ou de l'arrêté. La structure juridique de la société africaine telle que nous la connaissons n'est pas si différente des structures de droit écrit des pays du Nord. Nous partageons dans une même communauté de valeurs juridiques universelles le besoin de disposer de normes, qu'elles soient écrites ou non, structures indispensables à l'État de droit.

La jurisprudence des tribunaux issus de l'AOF (1857-1958)

Dès 1857, et avant même la création de l'Afrique occidentale française (AOF) en 1894[2], apparaissent les premiers tribunaux, mouvement qui se poursuivra jusqu'en 1931. Une seconde phase, jusqu'en 1946, verra la consolidation des institutions judiciaires. Après la Seconde Guerre mondiale, elles seront intégrées au système juridictionnel français.

2. Instituée par la loi du 20 mars 1894.

La création des premiers tribunaux (1857-1931)

Le premier tribunal africain apparaît en 1857 au Sénégal, où naît pour la première fois une dualité entre citoyens de religions différentes : la première institution judiciaire qui n'est pas imposée par le colonisateur est le Tribunal musulman de Saint-Louis (Sénégal). Demandé par les citoyens de la ville, il a été reconnu par un décret du 20 mai 1857. Ce tribunal est composé d'un cadi, d'un assesseur et d'un greffier.

Mais le lancement de la juridictionnalisation de l'Afrique de l'Ouest commencera avec l'Afrique occidentale française.

Les décrets de 1887 et 1903

Alors que les chefs coutumiers pouvaient rendre la justice dans toutes les matières, la prémisse de la perte de leurs prérogatives fut la création de la première institution judiciaire.

Le décret du 30 septembre 1887 marque la fin de la reconnaissance officielle des chefs de village et de leur pouvoir de rendre la justice coutumière, au profit des tribunaux coloniaux. Dans ce texte, aucune distinction n'était faite entre les Européens et les Africains. Cette situation durera quinze ans et sera remise en cause par le décret du 10 novembre 1903 qui va créer des juridictions réservées aux indigènes[3] dont le domicile est fixé dans le ressort des tribunaux français. C'est ainsi que sont créés, par le titre VI du décret, les tribunaux de province, les tribunaux de cercle et d'homologation.

L'organisation judiciaire est classique et elle est calquée sur l'organisation administrative française :

– deux juridictions de premier degré :

- *le tribunal de village*, qui a pour but principal de permettre la conciliation pour des affaires civiles et familiales de faible importance et pour des contraventions inférieures à quinze francs d'amende et à cinq jours d'emprisonnement,

3. Dans le sens donné en 1903, non au sens actuel, « par opposition aux étrangers, aux immigrants, aux conquérants ».

  - *le tribunal de province* qui tranche en premier ressort les litiges civils et commerciaux et connaît de tous les délits, au sein du tribunal de subdivision ;
- une juridiction de second degré : *le tribunal de cercle* qui connaît en appel des affaires devant les juridictions du premier degré et statue en matière criminelle ;
- pour permettre un recours portant uniquement sur le droit et non les faits, une procédure spécifique est instituée devant la *Chambre d'homologation de la Cour d'appel de l'AOF* à Dakar. Cette voie de recours est possible à titre dérogatoire aux indigènes. Alors que les débats avant la promulgation de la loi envisageaient pour la Cour de cassation la création d'une quatrième chambre chargée de régler les affaires coloniales[4], une Cour supérieure coloniale[5], une solution de proximité a été retenue en raison de l'éloignement avec la métropole[6].

Ces tribunaux sont présidés par un fonctionnaire français, par exemple l'administrateur de cercle, qui a voix délibérative et par deux assesseurs indigènes qui ont voix consultative. Ces juridictions ont pour compétence uniquement les coutumes du pays[7] et les juges indigènes sont indépendants. Cette indépendance est réaffirmée par une circulaire du gouverneur général du Dahomey du 31 janvier 1909 interdisant aux fonctionnaires français toute intervention active ou non[8].

---

4. Proposition de loi du 11 novembre 1902 de François Deloncle devant la Chambre des députés.
5. Projet de loi portant fixation du budget 1910.
6. Martine Fabre, « Le recours en cassation et le droit colonial », in Bernard Durand (dir.), *La justice et le droit : instruments d'une stratégie coloniale*, Montpellier, 2001.
7. Article 75 : « la justice indigène appliquera, en toutes matières, les coutumes locales ».
8. Cité par Maïté Lesné-Ferret, « L'organisation de la justice coloniale : les décrets de 1897 à 1937 », in Bernard Durand (dir.), *La justice et le droit : instruments d'une stratégie coloniale*, tome I, Montpellier, 2001.

La réorganisation de la justice en 1912

Le décret du 16 août 1912 va « réorganiser la justice indigène en Afrique » et réaffirmer la spécificité du statut indigène et du statut applicable aux justiciables des tribunaux français. La notion du mot « indigène » va être définie comme « individus originaires des possessions françaises d'AOF, d'AEF et des possessions étrangères comprises entre ces territoires, qui n'ont pas dans leur pays d'origine le statut des nationaux européens ».

La même année, les assesseurs indigènes des tribunaux de province ont voix délibérative, y compris dans la subdivision pénale[9].

Douze ans plus tard, avec le décret du 22 mars 1924, le vote aura force délibérative dans les juridictions d'homologation. Ce mouvement ne concernera pas les tribunaux de cercle, alors que le tribunal de village est dépossédé de toute compétence pénale. Ce même texte va changer la dénomination du tribunal de subdivision, qui statue en premier ressort sur les affaires pénales au profit du tribunal de premier degré[10]. Le tribunal de cercle devient le tribunal de second degré.

À partir de cette date, sous la plume d'administrateurs coloniaux ou de magistrats français, vont être publiés pour la première fois des ouvrages juridiques dits de « droit indigène »[11]. Ce droit spécifique va être réaffirmé par le décret du 17 février 1923 disposant que les coutumes sont uniquement applicables devant les juridictions indigènes.

La consolidation de l'organisation des tribunaux (1931-1946)

Par l'intérêt suscité en faveur de la justice traditionnelle, la circulaire du 19 mars 1931 relative à la codification des

---

9. Article 4 du décret du 16 août 1912.
10. Article 5 du décret du 16 août 1912.
11. Pierre Menier, *Organisation et fonctionnement de la justice indigène en Afrique occidentale française*, Paris, Augustin Challamel, 1914.

coutumes indigènes va encourager la collecte et la publication des coutumes. En décembre de la même année est publié le décret du 3 décembre 1931 réorganisant la justice locale.

La réorganisation va porter notamment sur la suppression des tribunaux de village et de la Chambre d'homologation. Des recours restent néanmoins possibles devant la Chambre d'annulation de la Cour d'appel de l'AOF pour incompétence ou violation du décret. Le décret du 23 mai 1932 pour sa part confirme que les jugements des tribunaux indigènes ne sont pas susceptibles d'un pourvoi devant la Cour de cassation française, mais sont homologués par la Chambre spéciale, autorité judiciaire locale.

De même, la compétence du tribunal de premier degré est limitée aux affaires civiles et commerciales de moins de cinq cents francs et statue en dernier ressort. Au-dessus de ce montant, le tribunal de second degré est compétent et à charge d'appel devant le tribunal colonial d'appel.

La compétence du tribunal du deuxième degré ne portera que sur les matières civiles et commerciales[12]. En premier ressort et en matière criminelle, un tribunal criminel est créé, dont la composition s'élargit à deux assesseurs européens supplémentaires.

L'intégration au système juridictionnel français (1946-1958)

Après la Seconde Guerre mondiale, les relations entre la France et ses colonies sont redéfinies. La Constitution du 27 octobre 1946 dans son titre VIII voit se créer l'Union française, et par la loi du 7 mai 1946 dite « loi Lamine Gueye » les ressortissants des territoires d'outre-mer peuvent accéder à la citoyenneté française.

Dans ce mouvement, le décret du 30 avril 1946 retire toute compétence pénale au profit des institutions françaises. Toutes les institutions de droit indigène sont supprimées, sauf les juri-

---

12. Article 42 du décret du 23 mai 1932.

dictions de première instance[13], au profit des institutions françaises établies.

La conséquence de ce bouleversement est la nécessité de créer rapidement de nouvelles institutions, car celles-ci étendent leur compétence à des millions de personnes. Ainsi, par le décret du 3 juillet 1946, vont être créées la Justice de paix, puis la Cour d'appel d'Abidjan en 1951. Toute décision rendue est susceptible d'un pourvoi devant la Cour de cassation.

La publication des décisions de justice

La publication des textes et de la jurisprudence pendant la période 1857-1958 suit exactement les réformes. Cela passe par la publication de coutumiers en 1933 et de recueils entre 1898 et 1930. Après la Seconde Guerre mondiale et l'intégration au système juridictionnel français, la jurisprudence sera peu publiée.

La parution des coutumiers en 1933

En 1933 sera publié le *Coutumier du Dahomey*, territoire correspondant actuellement au Bénin. Le *Coutumier du Dahomey* n'est pas un code au sens européen du terme, mais un recueil de décisions qui correspond à l'état du droit à un moment donné et qui est susceptible d'évolution. Nous voyons dans cette définition de nombreuses analogies avec un recueil d'arrêt et la définition même de la jurisprudence. Dans son préambule est notamment indiqué que le coutumier n'est pas constitué d'articles de codes. Il s'agit d'un document dans lequel sont consignées les coutumes qui ont servi de base à un jugement, lesquelles ont été homologuées par un arrêt du Tribunal colonial ou de la Chambre d'annulation. Il est indiqué également que l'inscription au coutumier doit s'accompagner de la référence de la décision rendue.

13. Rétablies par le décret du 9 mai 1946.

En 1936, le ministère des Colonies met en place un comité d'étude des coutumes indigènes, qui aboutira en 1939 à la publication des coutumiers juridiques de l'AOF aux éditions Larose[14].

L'âge d'or de la publication de la jurisprudence (1898-1930)

La jurisprudence des tribunaux indigènes de l'AOF est publiée principalement dans le *Recueil de législation, de doctrine et de jurisprudence coloniales* ou *Recueil Dareste*. Il couvre la période 1898-1939. Sa publication était d'abord semestrielle, puis mensuelle de janvier 1904 à 1914. Il a été publié aux éditions Marchal et Billard. Des tables existent pour les périodes 1898-1910, 1911-1920 et 1921-1930.

Parallèlement au *Recueil Dareste* ont été publiés sous la direction de Maurice Penant, entre 1891 et 1933, *La Tribune des colonies et des protectorats. Recueil général de jurisprudence, de doctrine et de législation coloniales et maritimes*[15].

Des tables ont été réalisées par le même auteur dans des suppléments à *La Tribune*, appelés *Les Répertoires de droit colonial en toutes matières françaises et indigènes et de droit maritime* :

– 1er recueil : de janvier 1891 à janvier 1901 (publié en 1904) ;
– 2e recueil : de janvier 1901 à janvier 1912 (publié en 1913) ;
– 3e recueil : de janvier 1912 à janvier 1922 (publié en 1925) ;
– 4e recueil : de janvier 1922 à décembre 1931 (publié en 1936).

Une jurisprudence peu publiée (1946-1958)

Le *Recueil Dareste* ne sera plus publié à l'issue de la Seconde Guerre mondiale. L'autre revue, *La Tribune des colonies et protectorats*, deviendra à partir de 1933 et jusqu'en 1957

14. Les coutumiers juridiques de l'AOF sont divisés en trois volumes. Le premier concerne le Sénégal, le second le Soudan et le troisième la Mauritanie, le Niger, la Côte d'Ivoire, le Dahomey et la Guinée française. Ils sont tous les trois consultables à la bibliothèque Cujas à Paris.
15. Pour la localisation des recueils en France, consulter le catalogue SUDOC : http://www.sudoc.fr/037458833.

Le Penant, revue mensuelle comportant de la doctrine, de la jurisprudence, des textes et de la bibliographie. De 1958 à 1960, il devient *Le Recueil Penant*, et retrouve en 1961 son nom d'origine, *Le Penant*, sous lequel il est connu encore aujourd'hui. Actuellement, cette revue trimestrielle est publiée par les éditions Edénia. Le directeur de publication est Maître Alain Fénéon, avocat au barreau de Paris. Elle a pour sous-titre *Revue des droits d'Afrique*.

La publication des décisions entre 1946 et 1956 ne sera plus réalisée dans des revues spécifiques. Il est possible de retrouver cette jurisprudence historique en partie sur Légifrance (http://www.legifrance.gouv.fr/) ou sur Juricaf (http://ww.juricaf.org/). On peut citer par exemple cet arrêt de la Cour de cassation du 14 février 1956 rendu sur un appel de la Cour d'appel de Dakar du 20 février 1953[16].

Les juridictions judiciaires suprêmes africaines (à partir de 1958)

La décolonisation juridique dans les pays de l'Afrique de l'Ouest s'est faite rapidement par l'adoption de leurs constitutions respectives, de lois portant organisation et fonctionnement des cours suprêmes. Les indépendances africaines vont créer les États du Bénin, de la Côte d'Ivoire, de la Guinée, du Mali, du Niger et du Sénégal.

On s'attachera à exposer uniquement la création, l'organisation et le fonctionnement des cours suprêmes judiciaires ou des cours de cassation. Pour les juridictions du fond, mis à part les réformes portant sur la carte judiciaire, l'organisation est quasiment identique entre les tribunaux de première instance, les juges de paix, les tribunaux régionaux et les cours d'appel.

16. Cass. Com. 14 février 1956, pourvoi 56-02831.

Bénin

L'organisation et le fonctionnement

Instituée par la loi 65-35 du 7 octobre 1965, la Cour suprême du Bénin est organisée selon les dispositions de la circulaire 21/PR du 26 avril 1966. Par son article 3, il est indiqué que la Cour suprême est composée à l'origine de quatre chambres[17], dont une chambre judiciaire.

La chambre judiciaire est composée de son président et d'au moins deux conseillers[18]. Elle statue dans la grande majorité des cas à trois magistrats. Elle connaît notamment[19] des pourvois en cassation pour incompétence, violation de la loi ou de la coutume. La formation plénière est pour sa part composée de l'ensemble des magistrats de la Cour[20].

Avec la loi 2004-07 du 23 octobre 2004, la chambre judiciaire est composée de quatre conseillers[21] et siège habituellement à cinq magistrats, ou en cas de besoin à trois magistrats. La grande avancée est la création au sein de chaque chambre de sections, présidées par un président de section. C'est ainsi que la chambre judiciaire, par une décision d'administration du président de la Cour suprême, est divisée en deux : la section de droit moderne et la section de droit traditionnel.

Concernant les aspects de la justice traditionnelle, deux assesseurs désignés par le ministère de la Justice et la législation peuvent siéger avec voix consultative. Ces personnes sont nommées en raison de leur parfaite connaissance de la coutume.

---

17. Administrative, judiciaire, constitutionnelle et des comptes. La chambre constitutionnelle est devenue le Conseil constitutionnel par la loi organique 91-009 du 4 mars 1991. Ses attributions ont été précisées par le décret 94-34 du 5 février 2006.
18. Article 21.
19. Article 34.
20. Soit le président, les trois présidents de chambre, les six conseillers, le procureur général.
21. Article 24.

La jurisprudence

Sur la justice traditionnelle, par une décision DCC 96-0063 du 26 septembre 1996 de la Cour constitutionnelle, le *Coutumier du Dahomey* perd toute force obligatoire, ainsi que son caractère juridique. Ce mouvement de dé-coutumisation est amplifié par l'adoption du Code des personnes et de la famille du 7 juin 2002, promulgué le 14 juin 2004[22], qui dispose dans son article 1030 que « les coutumes cessent d'avoir force de loi en toutes matières régies par le présent code ».

La jurisprudence de la Cour suprême du Bénin est publiée sur Juricaf (http://www.juricaf.org/). Il est possible de prendre connaissance de recueils publiés par les éditions Droit et Lois à Cotonou, tandis que la jurisprudence du Tribunal de première instance et de la Cour d'appel est publiée sur http://www.jurisprudencebenin.org/.

Côte d'Ivoire

L'organisation et le fonctionnement

Prévue par l'article 57 de la Constitution du 3 novembre 1960, promulguée par la loi 60-356, la Cour suprême de Côte d'Ivoire a été créée par la loi 61-201 du 2 juin 1961 « déterminant la composition, l'organisation, les attributions et le fonctionnement de la Cour suprême ». Selon l'article 2, elle est divisée en quatre chambres : constitutionnelle, judiciaire, administrative et des comptes. Ce texte très complet, composé de 205 articles, dispose également dans son article 199 qu'« en attente de la législation portant harmonisation des coutumes locales, [...] les pouvoirs de la chambre d'annulation sont attribués [...] à la chambre judiciaire ». Cette chambre judiciaire

22. Source : http://www.law.yale.edu/rcw/rcw/jurisdictions/afw/benin/Benin_Family_Code.htm.

est complétée par deux « notables », figurant sur une liste réalisée annuellement par le Garde des Sceaux.

Exception faite de la loi 78-663 du 5 août 1978, la réforme va intervenir par la loi 94-440 du 16 août 1994, elle-même modifiée par la loi 97-243 du 25 avril 1997. Ce texte va préciser notamment la composition des différentes chambres. Ainsi, la chambre judiciaire, selon l'article 19, va comporter quatre formations : deux civiles et commerciales, une sociale et une pénale. La chambre administrative pour sa part va comporter deux formations de jugement, sans préciser expressément leur compétence. Au même moment, la Cour suprême va perdre toute compétence constitutionnelle au profit du Conseil constitutionnel, par application de la loi 94-438 du 16 août 1994.

Six ans plus tard, la loi 2000-513 du 1er août 2000 portant constitution dans son article 88 réaffirme sa place en tant qu'« organe régulateur du fonctionnement des pouvoirs publics ». Quant au pouvoir judiciaire, il est prévu que la justice est rendue par les juridictions suprêmes : « la Cour de cassation, le Conseil d'État, la Cour des comptes », ce qui induit l'*éclatement*[23] de la Cour suprême. Mais la mise en œuvre de la réforme n'aura jamais lieu.

La jurisprudence

La première loi sur la Cour suprême de 1960 prévoyait dans son article 15 la création d'un fichier central contenant, sous une série unique, des rubriques et des titres des arrêts rendus. Ces arrêts seraient publiés dans un bulletin trimestriel. Cette disposition est reprise par la loi de 1994, mais il n'est plus précisé la périodicité de publication, dont l'appréciation est fixée désormais par le président de la Cour suprême.

---

23. Voir notamment à ce sujet : Association africaine des hautes juridictions francophones, *L'opportunité de l'éclatement ou non des Cours suprêmes en plusieurs juridictions distinctes*, actes publiés du colloque tenu à Cotonou (Bénin) du 13 au 16 mai 2002.

L'organisation de la diffusion du droit va intervenir avec la création du Centre national de diffusion juridique (CNDJ), institué par le décret 95-470 du 15 juin 1995. Ce centre qui bénéficie du statut d'établissement public à caractère administratif

> « a pour objet de rassembler et de mettre sous forme de bases ou banques de données informatisées en vue de leur consultation, leur publication et leur diffusion sur tout support : les traités, les lois et règlements, les instructions et circulaires, les Conventions collectives, les décisions des Cours et tribunaux [et] tous autres textes de caractère juridique ».

Les arrêts sont publiés dans des recueils ou sont consultables sur place à Abidjan. Ils sont disponibles pour les années 1989 à 2010[24].

Guinée

L'organisation et le fonctionnement

À l'indépendance, deux ordonnances vont créer les institutions judiciaires de la Guinée : l'ordonnance n°4P du 15 octobre 1958 portant création d'une Cour d'appel dans l'État de Guinée, à Conakry, et l'ordonnance 018/PG/59 du 21 février 1959 créant le tribunal supérieur de cassation en République de Guinée.

Il faudra attendre l'année 1984 par l'ordonnance 115/PRG/84 du 14 juillet 1984 pour que soient réformées les institutions judiciaires par la création, notamment par l'article 2, de la Cour suprême, qui comprend quatre chambres : une chambre judiciaire, une chambre administrative, une chambre économique et financière, une chambre constitutionnelle.

---

24. Source : http://www.cndj.ci/recueilcoursupreme.php, consulté le 17 décembre 2012.

Cette situation ne durera que deux ans jusqu'à l'institution de la Chambre nationale d'annulation, créée par l'ordonnance 110/PRG/86 du 5 juillet 1986, structure composée d'un président et de quatre conseillers.

La Cour suprême sera rétablie par la loi organique n° 91/008/CTRN du 23 décembre 1991 « portant attributions, organisation et fonctionnement de la Cour suprême de la République de Guinée ». Elle est composée de trois chambres : la chambre constitutionnelle et administrative, la chambre civile, pénale, commerciale et sociale, et la chambre des comptes. Désormais présidée par un Premier président, elle est composée de dix conseillers au plus et de deux présidents de chambre, dix auditeurs de justice au plus et des juges référendaires. Le parquet est composé d'un Parquet général et de deux avocats généraux.

À la suite du décès de Lansana Conté le 22 décembre 2008, la Constitution est suspendue dès le lendemain. La conséquence directe est l'arrêt de l'activité juridictionnelle de la Cour suprême. Il faudra attendre la Constitution du 7 mai 2010 qui selon son article 107 réaffirme que le « pouvoir judiciaire est exercé par la Cour suprême, la Cour des comptes, les Cours et Tribunaux ». L'article 113 réaffirme sa place dans l'organisation judiciaire en tant que « plus haute juridiction de l'État en matière administrative et judiciaire ». Ses compétences seront définies ultérieurement par une loi organique.

La jurisprudence

Les arrêts sont publiés sur la base de données de jurisprudence Juricaf (http://www.juricaf.org/). En raison des nombreux troubles politiques et des modifications importantes concernant l'organisation et le fonctionnement ainsi que le faible recours aux institutions judiciaires, le nombre d'arrêts publiés est peu important.

Mali

L'organisation et le fonctionnement

Après l'éclatement de la Fédération du Mali, la Constitution du 22 septembre 1960 a prévu la création d'une Cour d'État du Mali. Les accords franco-maliens en matière de justice prévoyant un examen des pourvois par la Cour de cassation française étant rompus, les textes régissant la Cour d'État ont été définis par la loi 61-55/AN-RM du 15 mai 1961 portant organisation judiciaire. Elle était composée de trois sections : la section judiciaire, la section du contentieux et la section des comptes. La première audience s'est déroulée le 26 octobre 1962[25].

Il faudra néanmoins attendre la loi 65-1/AN-RM du 13 mars 1965 pour que soit instituée la Cour suprême, nom qu'elle porte aujourd'hui. Cette nouvelle loi a créé la section constitutionnelle en plus des trois sections existantes.

La réforme de la Cour suprême intervient après l'adoption de la nouvelle Constitution du Mali du 12 janvier 1992 promulguée par le décret 92-0731 P-CTSP du 25 février 1992. L'article 25 réaffirme son appartenance en qualité d'institution de la République et va créer la Cour constitutionnelle. La section constitutionnelle sort ainsi à cette date de la Cour suprême pour devenir indépendante.

Quatre ans plus tard, la loi organique 96-071 du 16 décembre 1996 va organiser de façon cohérente la Cour. La section judiciaire, composée d'un président de section et de quinze conseillers, se divise en chambres : deux chambres civiles, une chambre criminelle, une chambre sociale et une chambre commerciale. La chambre judiciaire est compétente pour connaître de la violation de la coutume[26]. Quant au contentieux coutumier, il peut être évoqué par les deux chambres civiles auxquelles

25. Source : Bulletin d'information du premier semestre 2011 de la Cour suprême du Mali.
26. Article 34.

s'adjoignent deux assesseurs représentant la coutume des parties[27]. Ces assesseurs ont voix délibérative.

La jurisprudence

Parallèlement à la création des institutions, pour contrer le droit coutumier, va être promulgué le Code du mariage et de la tutelle par la loi 62-17 du 3 février 1962[28]. Ce mouvement va s'amplifier avec l'ordonnance 73-036 du 31 juillet 1973 créant le Code de la parenté[29], puis la loi 87-27/AN-RM du 16 mars 1987 relative à l'état civil.

L'article 1er de la loi du 3 février 1962 donne son positionnement par rapport à la religion : « Le mariage est un acte laïc ». Il abroge également les coutumes et les régimes locaux sur le mariage (article 45), notamment la coutume s'agissant de la dot (article 3).

La jurisprudence de la Cour suprême du Mali a fait l'objet de recueils, comme celui réalisé par Jean-Paul Arnoux[30]. Le programme d'appui à la réforme de la justice (PRODEJ) a également permis la publication de nombreuses jurisprudences de la Cour suprême[31] et de nombreux arrêts sont publiés sur le site internet de la Cour suprême (http://www.cs.insti.ml/) et sur Juricaf (http://www.juricaf.org/).

27. Article 28.
28. Consultable à l'adresse : http://www.justicemali.org/www.justicemali.org/pdf/01-mariage.pdf.
29. Source : http://www.justicemali.org/www.justicemali.org/pdf/03-parente.pdf.
30. Jean-Paul Arnoux, *Principaux Arrêts de la Cour Suprême du Mali en matière pénale : 1986-1988*, Ministère de la Justice du Mali, 1989.
31. Pour les années 1998 à 2007, elles sont accessibles à l'adresse : http://www.justicemali.org/index.php?option=com_content&view=article&id=114&Itemid=67.

Niger

L'organisation et le fonctionnement

Les institutions judiciaires ont été créées par la loi 62-11 du 16 mars 1962 qui porte création d'une Cour suprême, de deux cours d'appel (Niamey et Zinder), d'une Cour d'assises, des tribunaux de première instance, des justices de paix et des tribunaux du travail.

La Cour suprême est remplacée par une Cour d'État en application de l'ordonnance 74-13 du 13 août 1974. Elle comportait trois chambres : judiciaire, administrative et des comptes. Par la loi 90-10 du 13 juin 1990, il y est ajouté une chambre constitutionnelle.

En raison du coup d'État du 9 avril 1999, la Cour d'État du Niger perd par la Constitution du 18 juillet 1999 la compétence constitutionnelle, qui est alors attribuée à la Cour constitutionnelle.

Cinq ans plus tard est publiée la loi organique n° 2004-50 du 22 juillet 2004 fixant l'organisation et la compétence des juridictions en République du Niger. Elle fixe notamment l'organisation judiciaire. À la tête des institutions judiciaires se trouve la Cour de cassation. Au niveau des cours inférieures sont créés les cours d'appel et les tribunaux de grande instance. Mais à l'issue du coup d'État du 18 février 2010, la Cour suprême devient une Cour d'État par une décision du Conseil des ministres du 30 avril 2010.

La jurisprudence

La jurisprudence de la Cour suprême du Niger, ainsi que des tribunaux inférieurs, a fait l'objet d'une collecte de la part de la coopération canadienne et les décisions sont publiées jusqu'en 2008 sur le site Internet Juriniger (http://www.juriniger.org/). Parallèlement, les décisions sont publiées sur le site Internet Juricaf (http://www.juricaf.org/).

Sénégal

L'organisation et le fonctionnement

Après l'éclatement de la Fédération du Mali, la Constitution du 26 août 1960 prévoit dans son article 62 une Cour suprême de la République et une loi organique qui déterminera ses compétences, son organisation et la procédure suivie devant elle. Il s'agit de l'ordonnance 60-17 du 3 septembre 1960. Ce texte restera en vigueur jusqu'à l'adoption le 30 mai 1992 des lois organiques 92-23, 92-24 et 92-25 portant création de trois institutions : le Conseil constitutionnel, le Conseil d'État et la Cour de cassation.

La loi organique 2008-35 du 7 août 2008 portant création de la Cour suprême va revenir à la situation d'avant 1992, parce que « la création de plusieurs juridictions supérieures a eu un impact pernicieux sur les moyens budgétaires et les ressources humaines mis à la disposition de la justice[32] ». Seul le Conseil constitutionnel garde son autonomie. La Cour suprême est ainsi constituée de quatre chambres :

> « la chambre criminelle connaît des pourvois en cassation en matière pénale, la chambre civile connaît des pourvois en cassation en matière civile et commerciale, la chambre sociale connaît des pourvois en cassation en matière sociale ».

Chaque chambre peut être divisée en sections[33].

En matière de droit musulman, par application de l'article 26, et uniquement en matière de succession, la chambre s'adjoint obligatoirement, avec voix consultative, un assesseur choisi parmi les personnes notoirement connues pour leur compétence en droit musulman. Cette adjonction est facultative dans toutes les autres matières relevant du Code de la famille. La liste des

32. Exposé des motifs de la loi organique n° 2008-35 du 7 août 2008.
33. Article 24.

personnes pouvant être choisies en qualité d'assesseur est établie par le ministère de la Justice.

La jurisprudence

Mentionné dans la loi de 2008, par son article 50, le service de documentation et des études reçoit tous les arrêts rendus par les chambres. Soutenu par le projet franco-sénégalais d'appui au Programme sectoriel Justice (PASEJ), ce service a été doté d'un matériel informatique performant et d'un système de gestion électronique des documents.

Depuis 1993, un bulletin semestriel des arrêts de la Cour suprême est publié par les éditions Giraf et l'Organisation internationale de la Francophonie. Depuis 1998, c'est le service de documentation qui édite les recueils. Tous ces arrêts sont également publiés dans la base de données Juricaf (http://www.juricaf.org/).

Conclusion

S'il n'est pas remis en cause le fait que la diffusion de la jurisprudence est un des aspects qui favorisent le dialogue des cultures juridiques, on peut s'interroger sur la persistance des modèles actuels.

Si l'avènement d'Internet favorise grandement la compréhension des décisions judiciaires, ce moyen technologique est difficile d'accès en Afrique, à l'endroit même où s'exprime le besoin de faire connaître les particularités de leur droit.

Contrairement aux recueils traditionnels de jurisprudence édités sur papier, ces sites Internet ne sont pas pérennes et faute de financement, qu'il soit public ou privé, de très nombreuses décisions ne sont plus accessibles ou sont menacées d'une destruction numérique. En reprenant les termes d'Amadou Hampâté Bâ, dans son célèbre discours à l'Unesco en 1962 :

« En Afrique, quand un vieillard meurt, c'est une bibliothèque qui brûle », nous pouvons faire une analogie avec le droit : la sauvegarde et la diffusion du droit sont les défis qui attendent les pays francophones.

Bibliographie

ARNOUX Jean-Paul, *Principaux Arrêts de la Cour Suprême du Mali en matière pénale : 1986-1988*, Ministère de la Justice du Mali, 1989.

ASSOCIATION AFRICAINE DES HAUTES JURIDICTIONS FRANCOPHONES, *L'opportunité de l'éclatement ou non des Cours suprêmes en plusieurs juridictions distinctes*, actes publiés du colloque tenu à Cotonou (Bénin) du 13 au 16 mai 2002.

FABRE Martine, « Le recours en cassation et le droit colonial », in Bernard Durand (dir.), *La justice et le droit : instruments d'une stratégie coloniale*, Montpellier, 2001.

GAMBARO Antonio, SACCO Rodolfo et VOGEL Louis, *Le droit de l'Occident et d'ailleurs*, Paris, LGDJ, 2011.

LESNÉ-FERRET Maïté, « L'organisation de la justice coloniale : les décrets de 1897 à 1937 », in Bernard Durand (dir.), *La justice et le droit : instruments d'une stratégie coloniale*, tome I, Montpellier, 2001.

MENIER Pierre, *Organisation et fonctionnement de la justice indigène en Afrique occidentale française*, Paris, Augustin Challamel, 1914.

9

L'État de droit à l'épreuve du pluralisme juridique et judiciaire au Liban

Randa KFOURI

Le dialogue des cultures juridiques francophones, un grand titre qui recouvre plusieurs aspects, notamment les cultures qui varient d'un pays à l'autre dans l'espace francophone et les cultures qui se retrouvent au sein d'un même pays.

Après avoir exposé succinctement le cas de la diversité au Liban, nous analyserons les avantages et les inconvénients de cette diversité, et la manière d'établir le dialogue entre ces cultures.

La diversité juridique au Liban

Lorsque dans un pays se retrouvent des citoyens d'origines ethniques différentes ou dont les croyances religieuses, les langues ou les coutumes sont différentes, il est tout à fait normal d'observer une diversité juridique. De même, lorsque plusieurs pays se regroupent pour diverses raisons, économiques, politiques ou autres, on assiste aussi à une diversité juridique qui se manifeste par un droit supranational et un droit national.

Au Liban la diversité se situe au niveau des croyances religieuses. La Constitution libanaise s'est portée garante de l'autonomie de chaque communauté confessionnelle et leur a conféré le droit d'avoir leur propre statut personnel et d'être régies selon les dispositions de ce statut. De ce pluralisme communautaire ont dérivé des pluralismes législatifs, juridiques et juridictionnels.

Il existe plusieurs codes de statut personnel :

– le code des communautés catholiques ;
– le code de la communauté grecque orthodoxe ;
– le code de la communauté arménienne orthodoxe ;
– le code de la communauté syrienne orthodoxe ;
– le code de la communauté évangélique ;
– le code de la communauté israélite ;
– le code de la communauté sunnite ;
– le code de la communauté chiite ;
– le code de la communauté druze.

Dès lors, chaque communauté confessionnelle a ses propres tribunaux qui connaissent des contentieux de ses propres sujets pour des questions de statut personnel. On peut les regrouper comme suit :

– les tribunaux spirituels pour les communautés chrétienne et juive ;
– les tribunaux Charia pour les communautés sunnite et chiite ;
– les tribunaux mazhabia pour la communauté druze.

Ces tribunaux ont une organisation spécifique et appliquent un système juridique qui leur est propre.

Les matières qui relèvent des tribunaux chrétiens sont les suivantes : les fiançailles, le mariage (conclusion et divorce ou séparation), la pension alimentaire, la garde, le *mahr*, la dot et le trousseau, la filiation, l'adoption, la puissance parentale, la tutelle, le *wakf* et des questions relatives à la capacité des prêtres à leurs successions, etc. Les tribunaux musulmans ont, de plus, compétence en matière de legs et de successions.

Par conséquent, les Libanais sont soumis, selon leur religion, à des lois successorales et à des instances juridiques différentes. Ainsi, chez les communautés non musulmanes, l'homme et la femme héritent également. Les réserves des descendants sont reconnues et la jurisprudence a reconnu à l'enfant naturel la qualité d'héritier réservataire[1]. Par contre, la dévolution successorale selon le rite hanafite repose sur une distinction des héritiers, les filles ayant une part héréditaire inférieure de moitié à celle des garçons. La représentation est entièrement prohibée.

L'adoption est interdite dans l'islam, seules les communautés chrétiennes connaissent l'adoption, qui est de la compétence des tribunaux spirituels des communautés chrétiennes.

Les tribunaux musulmans constituent l'une des branches de la justice étatique. Les juges de ces tribunaux sont soumis théoriquement au contrôle du ministère de la Justice alors que les tribunaux des communautés non musulmanes demeurent extérieurs à l'autorité de l'État, dont le contrôle se limite à l'examen de leur compétence au moment de l'exécution de leurs décisions.

Lorsqu'une matière est de la compétence des tribunaux religieux, le juge civil se déclarera incompétent et n'aura donc pas à appliquer la loi en cette matière ou à l'interpréter. Cependant, il demeure compétent pour l'exécution des décisions émanant des tribunaux religieux, et la Cour de cassation en assemblée plénière a compétence pour régler un conflit entre des tribunaux religieux ou entre un tribunal civil et un tribunal religieux. De même, on peut lui demander d'annuler une décision émanant d'un tribunal religieux en dernier ressort lorsqu'elle a été rendue par un tribunal incompétent ou par un tribunal qui n'a pas respecté des règles procédurales d'ordre public. Dans une décision du 15 octobre 1963, la Cour de cassation a indiqué que ne constituait pas une violation d'une règle de forme d'ordre public la mauvaise application ou interprétation du droit faite par un tribunal religieux même si cette contravention est d'ordre public.

1. CA Beyrouth, 22-6-1978, Recueil Hatem, vol. 169, p. 1370.

Par ailleurs, on constate une diversité juridique en ce qui concerne les banques. La Loi n° 575 du 11 février 2004 relative à la constitution des banques islamiques au Liban a fait en sorte que le régime juridique qui gouverne les banques n'est pas uniforme. Les banques islamiques ne sont pas tenues de se conformer à certaines dispositions du code du crédit et de la monnaie. Leurs obligations vis-à-vis de leurs clients diffèrent aussi de la relation normale entre banque et client afin de pouvoir respecter les préceptes de la charia.

Au niveau de la diversité supranationale, en vertu du code de procédure civile, le juge doit respecter la hiérarchie juridique et ainsi une convention internationale sera préférée en cas de conflit entre celle-ci et un texte de loi.

La Constitution libanaise reconnaît les droits fondamentaux et les libertés publiques, notamment l'égalité des citoyens, les libertés de croyance, d'expression, d'éducation, le droit de propriété et d'accès aux fonctions publiques. Ainsi, une disposition législative contraire à la Constitution ne sera pas appliquée par le juge et on peut même demander son annulation devant le tribunal constitutionnel. Toutefois, il sera difficile d'invoquer l'article 7 de la Constitution qui garantit l'égalité des citoyens pour invalider une loi religieuse qui contrevient à l'égalité, en raison de l'article 9 de la Constitution qui impose à l'État de respecter les statuts personnels de toutes les communautés.

Cette problématique existe chaque fois que l'État accorde à des groupements, dans le souci de respecter leurs coutumes et croyances, le droit d'avoir leurs propres lois et leurs propres tribunaux dans un ou plusieurs domaines donnés car, malheureusement, ces croyances et coutumes ne sont pas toujours en harmonie avec les principes fondamentaux, notamment l'égalité ou la non-discrimination en raison de la race, de la religion ou du sexe. En pratique, le juge chargé de l'exécution des décisions émanant des tribunaux religieux refusera de recourir à la force publique si la décision contrevient de manière flagrante aux droits et libertés consacrés par la Constitution.

Vu l'incompétence du juge civil dans les matières relevant de la compétence des communautés religieuses, il sera rare d'assister à un dialogue entre le droit religieux et le droit civil. Néanmoins, ce dialogue pourrait exister au niveau de l'application des régimes différents qui gouvernent les banques.

En somme, la diversité juridique interne n'a pas une grande influence sur le travail du juge.

La diversité juridique au niveau supranational est réglée hiérarchiquement. Il n'en demeure pas moins que le juge dans les causes qui sont devant lui et qui relèvent de sa compétence aura recours en cas d'absence de texte clair à des principes qu'il retrouvera dans le droit religieux ou supranational, dans les coutumes ou même dans une loi ou jurisprudence étrangère dont s'est inspiré le législateur national. Par exemple, pour décider du taux légal d'intérêt, le juge appliquera la *medjalla* (code ottoman). Il recherchera souvent dans la jurisprudence française des solutions en cas d'absence de solutions jurisprudentielles libanaises. Certains principes de *common law* pourront même être exposés lors de l'application ou de l'interprétation d'une convention internationale dans laquelle l'influence de la *common law* s'est fait ressentir, tel le *hardship*. Par ailleurs, certains avocats soulèvent l'estoppel dans leur défense.

Avantages et inconvénients de la diversité

Comme nous l'avons mentionné plus haut, la diversité se situe au niveau des cultures juridiques propres à chaque État au sein de la francophonie, ainsi qu'au niveau des cultures juridiques au sein d'un même État. Si dans le premier cas la diversité est une source de richesse, de dialogue, de démocratie et de respect de l'autre, elle n'est pas sans poser des problèmes dans le second cas. En effet, la diversité juridique implique un pluralisme au niveau du droit substantif et au niveau des juridictions.

Au niveau du droit substantif, si la diversité a pour avantage de respecter les coutumes et croyances diverses, elle a pour inconvénient d'entraîner une discrimination entre les divers citoyens, de favoriser l'absence d'un État de droit uniforme où chaque citoyen sait parfaitement quels sont ses droits et ses obligations et que ce sont les mêmes que ceux auxquels sont soumis les autres citoyens, de faire perdurer des coutumes et usages désuets qui ne s'adaptent plus aux sociétés modernes, de heurter les droits fondamentaux et d'empêcher une meilleure cohésion sociale entre les divers groupes.

Au Liban, les droits communautaires sont souvent figés, immobiles et inadaptés aux besoins de la société. L'égalité entre les hommes et les femmes n'est pas respectée, l'égalité entre des citoyens appartenant à l'une ou l'autre des confessions non plus. La liberté de se marier civilement n'existe pas. Les Libanais qui souhaitent se marier civilement doivent conclure leur mariage à l'étranger et ils seront soumis à la loi du pays où le mariage a été conclu.

De plus, en droit international privé, le pluralisme du droit du for rend difficile sa coordination avec les lois étrangères.

Au niveau des tribunaux, la diversité dans la composition, la formation et la nomination ou le recrutement des juges est préjudiciable à l'existence d'un pouvoir judiciaire indépendant et fort.

La solution ne réside donc pas dans la juxtaposition de systèmes juridiques différents à l'intérieur d'un seul État mais dans l'harmonisation. Celle-ci pourra faire un tri entre les valeurs et traditions non contraires aux droits de l'homme et compatibles avec une société moderne et démocratique, et les incorporer au droit étatique. Elle pourra se faire aussi par le juge qui, tout en appliquant le droit étatique assoupli, tiendra compte des coutumes valables et enrichissantes qui ne heurtent pas l'ordre public ou les droits fondamentaux.

La solution n'est pas non plus de laisser côte à côte des juridictions étatiques et des juridictions non étatiques, mais d'assurer la formation des juges et d'élargir leurs connaissances pour englober coutumes, croyances et traditions.

Au nom de la diversité juridique, il ne faut pas promouvoir l'anarchie et l'inertie mais s'enrichir de la culture de l'autre et évoluer comme c'est le cas dans les instances internationales qui puisent leurs règles indifféremment dans la *common law* et dans le droit romano-germanique. Il faut s'inspirer de l'expérience des autres, de l'efficacité de certaines réformes, puiser de nouvelles idées dans d'autres systèmes et dans d'autres institutions, communiquer, dialoguer pour mieux progresser ensemble et pour le bien de tous.

CONCLUSION GÉNÉRALE

Absences et présences du juge dans le dialogue des cultures juridiques

Ghislain OTIS

Les études rassemblées dans cet ouvrage tendent à démontrer que, dans l'espace francophone, le juge a vocation à devenir un acteur important de l'interaction des cultures juridiques dès lors que le droit de l'État reconnaît et organise la coexistence d'ordres juridiques issus de traditions culturelles différenciées présentes sur le territoire. Tel que le dit le président Gillet au sujet du juge, « son rôle dépend évidemment de la place que le législateur réserve à la diversité ». Lorsque le juge est placé au carrefour de normativités plurielles, son travail peut contribuer aux phénomènes de rencontre, de confrontation et d'échange entre les cultures juridiques. Encore faudra-t-il que l'organisation judiciaire soit réceptive à l'expression de l'altérité juridique reconnue par le constituant et le législateur, et que le juge ait une connaissance suffisante du droit d'origine non étatique ou qu'il dispose des moyens nécessaires pour y accéder.

Moins le rapport entre les cultures juridiques en présence sera hiérarchique ou vertical, plus ce rapport prendra la forme d'un « dialogue », c'est-à-dire d'un processus par lequel des valeurs et des représentations dissemblables de la juridicité « se rencontrent et interagissent en vue d'apprendre à se conjuguer[1] ». La métaphore du dialogue connote en effet le consentement à une possible acculturation réciproque.

Le dialogue sans le juge

Pour bien saisir le rôle du juge et ses limites, toutefois, il faut admettre que le dialogue des cultures juridiques peut se produire sans le juge, voire sans prise en charge par l'État de la pluralité juridique. Les sociologues et les anthropologues du droit ont constaté, par l'observation des phénomènes normatifs sans cesse mouvants au sein des groupes sociaux, professionnels et ethnoculturels, que les individus se trouvent souvent régis par des normes de conduite autonomes qui coexistent avec la norme étatique[2]. Affranchis du dogme positiviste réduisant le droit à la norme étatique, ils ont accolé le qualificatif « juridique » aux normes dont l'effectivité se manifestait sous des formes diverses pour les acteurs concernés, étant entendu que le choix des indicateurs de la juridicité ne fait pas l'unanimité parmi les observateurs de la pluralité[3].

Lorsque la pluralité juridique est de la sorte appréhendée comme phénomène empirique, on observe que ce n'est pas, par exemple, parce que le droit étatique en Roumanie n'admet pas l'existence d'un ordre juridique rom que ce dernier n'existe pas. Certes, comme l'indique à juste titre Simona Cristea, le

---

1. Étienne Le Roy, « Bricolages anthropologiques pour promouvoir, en Afrique et ailleurs, le dialogue entre univers juridiques », *Revue de droit de McGill*, vol. 50, n° 4, 2005, p. 951.
2. Voir Jean-Guy Belley, « Pluralisme juridique », in André-Jean Arnaud (dir.), *Dictionnaire encyclopédique de théorie et de sociologie du droit*, Paris, LGDJ, 2e éd., 1993, p. 443.
3. Pour une discussion poussée de cette question, voir notamment Emmanuel Melissaris, *Ubiquitous Law, Legal Theory and the Space for Legal Pluralism*, Farnham, Ashgate, 2009.

magistrat roumain ne pourra donner effet à cette normativité non étatique et devra peut-être même la neutraliser. Mais au sein de la communauté infra-étatique visée, le droit vivant et légitime peut ne pas être celui qui est gravé dans les tables de la loi.

De même, le fait que le droit officiel béninois ferme de plus en plus la porte du prétoire au droit coutumier africain ne sonne pas inéluctablement le glas de ce dernier dans la vie juridique des Béninois. Ainsi, le président Mayaba fait état de la suppression officielle de la coutume par la loi n° 2002-07 du 24 août 2004 qui unifie le droit en matière des personnes et de la famille, mais il précise que la « décision d'unification des deux ordres juridiques ne supprime pas les coutumes que les citoyens continuent de pratiquer ». Il ajoute même que « la suppression de la coutume serait regrettable alors qu'elle continue de régir la vie d'un grand nombre de citoyens, notamment dans la sphère familiale ». En d'autres termes, le « mouvement de dé-coutumisation » qu'évoque également Guillaume Adreani atteint les institutions de l'État et écarte donc en principe le dialogue des cultures juridiques de la scène judiciaire, mais ne modifie pas *ipso facto* la norme vécue par la société.

Le cas de l'Afrique centrale étudié par le professeur Hourquebie est peut-être encore plus éloquent à cet égard. Le pluralisme juridique persistant dans cette région jette une lumière crue sur l'ineffectivité, voire la légitimité culturelle douteuse du droit étatique d'inspiration occidentale. Il vaut la peine de relire l'extrait suivant de sa contribution :

> « Malgré la déculturation consécutive aux indépendances, la justice moderne reste très mal comprise par les populations d'Afrique centrale ; à tel point que l'on peut parler d'une résurgence (clandestine) des tribunaux coutumiers dans la plupart des ordres juridiques des pays de la région. Cela est notamment dû au fait que ces tribunaux, d'une part, sont les plus adaptés aux mentalités traditionnelles et à la structure de la société (que ce soit en Centrafrique, au Rwanda, au Burundi, etc., où plus de 80 % de la population est rurale), et, d'autre part, semblent les plus capables de saisir les croyances et les

> habitudes ancestrales. C'est finalement une sorte de principe de subsidiarité qui commande l'usage de ces tribunaux coutumiers dans une société où les notions de proximité, de cohésion sociale, de groupe et d'apaisement sont cardinales. »

Ce cas met bien en exergue le fait que lorsque la norme extra-étatique, pourtant tenue pour légitime par la population, est confinée au statut de « contrebande juridique » par les organes officiels, y compris le juge, l'interaction entre les cultures juridiques peut se manifester dans les choix et les stratégies des individus qui ont tout de même à leur disposition deux offres normatives, celle de la coutume et celle de l'État.

C'est pourquoi, s'agissant de l'outre-mer français étudié par le président Gillet, il ne faudrait pas présumer qu'à Mayotte la « déjuridictionnalisation » du cadi par l'ordonnance de juin 2010 au profit du juge civil signifie la fin de la justice cadiale. Ce que les Mahorais de statut local ne peuvent plus faire officiellement, c'est-à-dire demander à leur juge coutumier d'instruire le contentieux de droit local, certains le feront sans doute officieusement en marquant leur fidélité à la juridiction qu'ils tiennent pour la plus autorisée sur les plans religieux et culturel, et la plus accessible du point de vue économique, quitte à se passer du sceau de la validité étatique[4]. De même, on aurait sans doute tort de penser que la suppression officielle de la polygamie pour les nouvelles générations mahoraises emporte la disparition d'une institution qui reste conforme aux prescriptions du droit endogène aux racines séculaires[5]. Selon Régis Lafargue,

---

4. C'est ce que donnent à penser les observations préliminaires recueillies auprès d'acteurs de la justice civile lors d'une récente mission réalisée par l'auteur à Mayotte.
5. Il semblerait en effet que les cadis continuent de célébrer des unions polygames, voir Julie Gemptel, *Le pluralisme à l'épreuve des droits fondamentaux : regards croisés sur Mayotte et la Nouvelle-Calédonie*, Master 2 de droit privé général, Université de Paris II (Panthéon-Assas), 2011, p. 82-83.

pour les Mahorais « la loi n'empêchera rien, elle aura simplement cessé de rendre compte de la réalité[6] ».

L'adhésion spontanée aux valeurs et aux traditions juridiques occidentales ne se décrète pas à coup de proclamations unilatérales, encore moins parmi les populations ultra-marines ou les peuples autochtones qui manifestent une vitalité identitaire persistante. Un processus patient d'interaction la plus consensuelle possible offre de meilleures chances d'aboutir à une destination commune.

Séparation ou intégration judiciaire, quel impact sur le dialogue ?

La réception de la pluralité juridique dans le giron étatique n'est pas garante d'un dialogue des cultures juridiques par le biais du juge. En effet, un tel dialogue ne sera guère facilité si la reconnaissance formelle de plus d'une tradition et d'un système juridiques au sein de l'État obéit à une logique de séparation étanche des ordres juridiques et des juridictions.

L'échange entre les cultures se verra entraver si celles-ci se montrent rétives au métissage ou si les juges sont étroitement confinés à leur périmètre juridique propre. Le cas du Liban, où chaque communauté religieuse reconnue a sa propre loi et son propre tribunal dans les matières du statut personnel, semble montrer que le pluralisme juridique confessionnel organisé de manière à conforter le cloisonnement et l'exclusivisme, même dans l'organisation judiciaire, tend à favoriser l'autisme des cultures juridiques et des juges, chaque ordre juridique et juridictionnel évoluant en vase clos sans passerelle institutionnelle,

---

6. Régis Lafargue, « Les statuts personnels dans le droit de l'outre-mer français : entre droit et non-droit », in Marc Aoun (dir.), *Les statuts personnels en droit comparé, évolutions récentes et implications pratiques*, Leuven, Peeters, 2009, 25, p. 41.

culturelle et intellectuelle avec les autres. Le droit religieux fondé sur la révélation n'est souvent pas très perméable à la normativité exogène et les juridictions confessionnelles tendent à se considérer comme les gardiennes de l'intégrité de leur droit indissociable de la foi. Pierre Gannagé a ainsi récemment observé ce qui suit au sujet des ordres juridiques communautaires libanais :

> « Ces ordres sont en effet des ordres exclusifs, fermés à tout élément extérieur. Leurs autorités entendent appliquer elles-mêmes leurs propres droits et refusent, surtout lorsqu'il s'agit de personnes de leur confession, de reconnaître les décisions rendues par d'autres autorités[7]. »

À la tendance des ordres communautaires à évoluer en « silo » dans leurs relations réciproques s'ajoute une coupure avec les juges civils. C'est ainsi que la juge Randa Kfouri conclut dans cet ouvrage que :

> « Vu l'incompétence du juge civil dans les matières relevant de la compétence des communautés religieuses, il sera rare d'assister à un dialogue entre le droit religieux et le droit civil. En somme, la diversité juridique interne n'a pas une grande influence sur le travail du juge. »

La coexistence du droit de tradition romaniste et de la *common law* au Canada présente un cas de figure intéressant, où l'obstacle au dialogue que constitue la séparation géographique et matérielle des systèmes juridiques en vigueur au sein de l'État peut être atténué par le caractère intégré du système judiciaire, en vertu duquel le juge suprême peut connaître tant des affaires de droit civil que des affaires de *common law*. Dès lors, même si

7. Pierre Gannagé, « Le pluralisme des statuts personnels au Liban, son régime, ses limites », in Marc Aoun (dir.), *Les statuts personnels en droit comparé, évolutions récentes et implications pratiques*, Leuven, Peeters, 2009, 163, p. 167.

le domaine respectif de chaque système est clairement délimité par la territorialité des ordres juridiques[8], leur proximité dans le travail du juge rend la frontière parfois poreuse. Si, en général, les « deux solitudes » juridiques conversent peu, il arrive que la Cour suprême s'inspire des solutions retenues par un système pour trancher une question soulevée dans un litige relevant de l'autre[9].

Il arrive aussi, comme le démontre la remarquable étude du professeur Gaudreault-DesBiens dans cet ouvrage, que le juge suprême canadien soit le passeur de canevas de raisonnement d'une tradition juridique à une autre. En l'occurrence, il ressort de cette étude des motifs de la Cour suprême dans le *Renvoi relatif à la sécession du Québec* et dans le *Renvoi relatif à la Loi sur les valeurs mobilières* que la haute juridiction fait dans son analyse constitutionnelle – une matière pourtant rattachée au Canada à l'univers de la *common law* – un usage des principes sous-jacents qui est caractéristique de la tradition civiliste. Le caractère bijuridique de la Cour rend possible ce que le professeur Gaudreault-DesBiens décrit comme une « migration » inter-systémique d'une façon de concevoir la normativité. À cet égard, l'auteur note fort pertinemment que :

> « Le fait que la Cour suprême soit composée, bien qu'inégalement, de *common lawyers* "purs" et de juristes issus d'un ordre de droit mixte, en l'occurrence le Québec, a pu jouer un rôle dans ce qui paraît être une migration de canevas de raisonnement civilistes dans un environnement de *common law*,

---

8. Le droit civil ne trouve application qu'au Québec.
9. Dans une affaire récente émanant du Québec et relative à la responsabilité civile pour diffamation, la Cour se réfère abondamment à l'approche de *common law* sur un point précis. Elle déclare que « si ces principes de *common law* ne peuvent être transposés directement en droit civil québécois en raison des différences majeures entre les deux régimes (*Prud'homme*, par. 54-59), ils servent souvent de source d'inspiration. Les deux communautés juridiques partagent les mêmes grandes valeurs sociales. D'ailleurs, la convergence de l'approche civiliste et de l'approche de *common law* est remarquable ». Voir *Bou Malhab* c. *Diffusion Métromédia CMR inc.*, [2011] 1 R.C.S. 214, au par. 38.

surtout si l'on considère que la Cour suprême est le tribunal final d'appel pour tout le Canada et qu'elle entend, à ce titre, aussi bien des affaires de *common law* que de droit civil. »

Que cette migration soit délibérée ou le fruit d'une influence plus diffuse dans la conscience juridique de la Cour, le professeur en conclut que

> « l'hypothèse d'une acculturation juridique "tranquille" de tous ses membres au contact d'une tradition juridique "autre" mais néanmoins dotée d'une autorité formellement reconnue dans l'ordre canadien ne saurait être d'emblée écartée ».

Ces exemples contrastés du Liban et du Canada montrent que la structure de l'organisation juridictionnelle peut soit éloigner, soit rapprocher les univers juridiques qui coexistent au sein d'un État, la séparation étanche des juridictions n'étant pas de nature à favoriser les rapprochements et les influences réciproques dans le raisonnement des juges.

Dans tous les cas de figure, toutefois, le dialogue véritable des cultures juridiques ne sera guère possible si la rencontre de ces cultures se fait sous le signe de la hiérarchie rigide au profit d'un système de droit dominant promu par l'État. Autrement dit, le juge, lorsqu'il est mis en contact avec la pluralité juridique, devra pouvoir faire se rencontrer les logiques dissemblables sur un terrain qui n'est pas fatalement miné pour la culture juridique minoritaire ou non dominante.

L'ouverture du juge à l'altérité juridique comme condition du dialogue

L'ouverture à l'altérité juridique peut être plus ou moins grande. Alors que les institutions de la république s'activent à une dévitalisation progressive du statut personnel de droit local à

Mayotte, c'est tout le domaine du droit civil qui relève du statut personnel coutumier kanak en Nouvelle-Calédonie. Une juridiction particulière, composée d'un juge ordinaire et d'assesseurs coutumiers, y est seule compétente pour connaître en première instance du contentieux coutumier[10]. Au Canada, l'ouverture au pluralisme juridique autochtone est beaucoup plus timide mais une évolution point à l'horizon. Le droit endogène des peuples autochtones ne jouit que d'une reconnaissance épisodique et subsidiaire, quoique croissante, mais un droit autochtone nouveau issu des institutions autonomes récemment mises en place émerge lentement et pourrait faire voir des phénomènes de métissage des traditions juridiques autochtones et occidentales[11]. En Afrique de l'Ouest et en Afrique centrale, le dualisme juridique officiel hérité du droit colonial tend à s'estomper, toujours officiellement, au profit d'une prétention hégémonique étatique.

Le juge étatique appelé à connaître d'un litige ressortissant au droit coutumier ou autochtone devrait éviter de perpétuer la logique hégémonique de type colonial qui a parfois miné la légitimité et l'effectivité du droit de l'État, et donc de l'État de droit, en Afrique ainsi que dans l'outre-mer français et au Canada. Il pourra être tentant d'user de la métaphore du « dialogue » des cultures juridiques pour interpréter le droit non étatique à la lumière du droit occidental ou en palliant ses « silences » par le recours aux principes du droit commun. Or, l'expérience coloniale a montré le risque élevé de déformation, de captation autoritaire, voire de falsification du droit endogène par l'élaboration d'une « coutume judiciaire » par des juges imprégnés d'une culture juridique occidentale dont ils n'arrivent pas à se distancer.

Mais une telle conséquence est-elle évitable compte tenu des obstacles cognitifs, pratiques et culturels qui s'élèvent sur le

10. Régis Lafargue, *La coutume face à son destin*, Paris, LGDJ, 2010.
11. Ghislain Otis, « La rencontre des cultures juridiques dans la toundra subarctique : vers une nouvelle gouvernance foncière au Nunatsiavut », *Télescope*, n° 15, 2009, p. 108-115.

chemin du juge étatique appelé à appliquer un droit d'origine extra-étatique ? Il se peut que le magistrat ait peu de motivation à se familiariser avec un droit qui lui paraît difficilement décryptable, surtout si ce droit est porté par une gestuelle et une oralité souvent occultées du regard de la société majoritaire. S'il est désireux de comprendre la culture juridique et le droit de l'« autre », le juge devra néanmoins pouvoir compter sur les « sachants » appartenant à cette culture juridique, soit comme témoins si le droit exo-étatique doit être prouvé comme « fait »[12], soit comme experts du tribunal ou assesseurs. C'est avec beaucoup d'à-propos que le professeur Hourquebie appelle de ses vœux une collaboration entre les tribunaux officiels et les acteurs du monde coutumier en Afrique centrale. Mais pour qu'un dialogue s'engage avec de tels « sachants », encore faut-il, comme le remarque le président Mayaba au sujet du Bénin, que la normativité non étatique ait pu conserver une consistance et une vitalité suffisantes dans la pratique et le savoir des communautés coutumières.

En fait, tous les rouages de la justice doivent être mobilisés pour accueillir de manière effective la normativité qui, bien que pouvant être perçue comme marginale ou évanescente par les acteurs étatiques, garde une réelle prégnance dans la population qui l'engendre et la vit. Le cas de Mayotte illustre bien la menace que fait peser la méconnaissance du droit local en matière de statut personnel sur une dualité juridique pourtant constitutionnellement consacrée. Il ressort d'entretiens menés lors d'une mission exploratoire effectuée en mai 2012 que le droit local mahorais serait peu présent dans le système de justice civile, bien que le juge de droit commun soit compétent pour appliquer ce droit depuis 2003 et officiellement le seul à pouvoir le faire depuis 2010. À l'heure de la départementalisation, les justiciables mahorais semblent peu au fait du maintien en vigueur du

12. Au Canada, les juges exigent la « preuve » de la coutume autochtone lorsque la loi renvoie à cette coutume pour déterminer la règle applicable à un litige. On fera alors témoigner des membres de la communauté réputés avoir une connaissance approfondie du droit coutumier.

droit local, les avocats dont les clients possèdent le statut de droit local le plaident très peu et les juges, dont la plupart ne connaissent pas le droit local, présument d'emblée, sans soulever la question d'office, que les plaideurs ont renoncé à l'application de ce droit. Ces facteurs concourent donc à évincer peu à peu le dualisme juridique des juridictions de Mayotte.

L'accès effectif à la pluralité juridique sur les plans individuel, social et institutionnel constitue de la sorte une condition première du dialogue.

Pluralité juridique et droits fondamentaux : dialogue ou confrontation?

La pluralité juridique, comme réalité empirique et comme régime validé par l'État, ne correspond guère aux idéaux républicains d'unicité de la nation composée de citoyens interchangeables et d'universalité de la loi identique pour tous. Dans les États pluricommunautaires, le plurijuridisme est le fruit de compromis historiques fondateurs d'une fédération pacifique de groupes hétérogènes au sein d'un même État. Cette pluralité peut dans certains cas être atomisante ; elle peut même servir de véhicule pour l'expression de valeurs tenues pour peu compatibles avec les droits individuels fondamentaux portés par la modernité juridique. La juge Randa Kfouri s'exprime ainsi, à la lumière de l'expérience libanaise :

> « Au niveau du droit substantif, si la diversité a pour avantage de respecter les coutumes et croyances diverses, elle a pour inconvénient d'entraîner une discrimination entre les divers citoyens, de favoriser l'absence d'un État de droit uniforme où chaque citoyen sait parfaitement quels sont ses droits et ses obligations et que ce sont les mêmes que ceux auxquels sont soumis les autres citoyens, de faire perdurer des coutumes et usages désuets qui ne s'adaptent plus aux sociétés

> modernes, de heurter les droits fondamentaux et d'empêcher une meilleure cohésion sociale entre les divers groupes.
>
> Au Liban, les droits communautaires sont souvent figés, immobiles et inadaptés aux besoins de la société. L'égalité entre les hommes et les femmes n'est pas respectée, l'égalité entre des citoyens appartenant à l'une ou l'autre des confessions non plus. La liberté de se marier civilement n'existe pas. Les Libanais qui souhaitent se marier civilement doivent conclure leur mariage à l'étranger et ils seront soumis à la loi du pays où le mariage a été conclu. »

La relation entre la pluralité juridique et les droits fondamentaux est donc complexe et parfois tendue, comme c'est clairement le cas au Liban où la protection constitutionnelle des droits confessionnels est perçue comme une entrave à l'arbitrage approprié entre le communautaire et les droits individuels.

La plupart des pays étudiés dans cet ouvrage affirment le primat des droits fondamentaux de l'être humain, qui est en outre porté bien haut par l'Organisation internationale de la Francophonie, comme l'écrit Patricia Herdt, qui rappelle que :

> « Les valeurs universelles ne peuvent donc souffrir aucune dérogation. Elles sont appelées à nourrir le dialogue, notamment des juges, en offrant des éléments de conciliation. Le juge, en ce qu'il est un acteur essentiel de l'adhésion aux valeurs démocratiques et de la mise en œuvre des droits fondamentaux universels, se présente comme un partenaire stratégique dans la réalisation de ces principes. »

La préséance des droits fondamentaux peut toutefois être culturellement ergonomique. La rencontre des cultures juridiques autour des droits individuels donne au juge l'occasion de déployer un effort de lecture interculturelle des droits et de les articuler en tenant compte de la quête d'égalité des cultures et de paix sociale. Par exemple, l'interprétation conciliatrice du particularisme culturel des peuples autochtones et des droits individuels garantis par la loi fondamentale est érigée en règle constitutionnelle au Canada. Le contentieux des droits fondamentaux constitue en d'autres termes un terreau où une volonté de rapprochement, voire de dialogue des traditions juridiques semblerait de nature à conforter la légitimité du juge étatique au regard des acteurs du droit non étatique.

Par ailleurs, on a sans doute trop tendance à narrer la rencontre des droits fondamentaux et des cultures juridiques non occidentales comme un face-à-face antagoniste, un combat ou la valeur d'universalité obérera la pluralité. Cette figure des droits fondamentaux réducteurs de la diversité juridique fait l'impasse sur une autre figure, largement méconnue, celle des droits fondamentaux qui, saisis par un juge respectueux d'une humanité plurielle, deviennent protecteurs des cultures juridiques différenciées comme expression d'une universalité de profusion plutôt que de fusion, comme révélateurs de la richesse du patrimoine juridique de l'humanité.

Le juge est capable d'une œuvre d'imprégnation pluraliste des droits fondamentaux mobilisés pour décoloniser le discours d'universalité et libérer les cultures juridiques historiquement marginalisées. La preuve de cette puissance transformatrice du juge ressort des évolutions dont nous ne donnerons ici que deux exemples, à savoir : premièrement, la jurisprudence récente de la Cour interaméricaine des droits de l'homme traitant les revendications autochtones fondées sur une conception autochtone de la propriété, et, deuxièmement, les décisions de la Cour d'appel de Nouméa qui intègrent l'accès au statut coutumier kanak à la définition du droit au respect de la vie privée et familiale.

Répondant à l'appel des peuples autochtones, la Cour interaméricaine a interprété la Convention américaine des droits de l'homme comme exigeant du juge qu'il intègre les traditions juridiques autochtones dans l'interprétation et l'application du droit international. La Cour fait de la coutume autochtone une véritable source matérielle du droit international dès lors que cette coutume contribue directement à donner substance aux termes d'un instrument international conventionnel au même titre que les traditions juridiques occidentales.

La haute juridiction de San José a en effet statué, dans l'arrêt fondateur *Affaire de la Communauté Mayagna (Sumo) Awas Tingni c. Nicaragua*[13], qu'elle devait interpréter les droits énoncés dans la Convention américaine, et plus particulièrement le droit de toute personne « à la jouissance de ses biens », protégé par son article 21[14], en fonction de l'autonomie et de la neutralité culturelle du droit international, et non pas exclusivement à partir des catégories du droit occidental. Ainsi, en s'autorisant d'une disposition énonçant un droit en apparence individuel, elle a incorporé au régime de la Convention les systèmes coutumiers de propriété collective autochtone[15]. L'impératif du traitement égalitaire des traditions juridiques autochtones dans le droit international des droits de l'homme est exprimé très clairement dans un arrêt subséquent de la Cour.

> « ... cette Cour considère que les communautés autochtones peuvent avoir une compréhension collective du concept de propriété et de possession, dans le sens où la propriété foncière n'est pas centrée sur un individu mais plutôt sur le groupe et la communauté. Cette notion de propriété et de possession de la terre ne correspond pas nécessairement au concept classique de propriété mais mérite une égale protection aux termes de l'article 21 de la Convention américaine. Ne pas tenir compte des modes singuliers d'utilisation et de jouissance de la propriété qui trouvent leurs sources dans les cultures, les usages, coutumes et croyances de chaque peuple reviendrait à soutenir qu'il n'y a qu'une seule manière d'utiliser et de disposer de la

13. *Affaire de la Communauté Mayagna (Sumo) Awas Tingni c. Nicaragua*, 2001, Série C, n° 79, en ligne : <http://www1.umn.edu/humanrts/iachr/AwasTingnicase.html> [Awas Tingni].
14. La disposition pertinente de l'article 21 se lit comme suit : « 1. Toute personne a droit à l'usage et à la jouissance de ses biens. La loi peut subordonner cet usage et cette jouissance à l'intérêt social. »
15. *Affaire de la Communauté Mayagna (Sumo) Awas Tingni c. Nicaragua*, *op. cit.*, par. 146 et 149.

> propriété, ce qui rendrait la protection de l'article 21 de la Convention illusoire pour des millions de personnes[16]. »

Une approche ancrée exclusivement dans la conception occidentale de la propriété aurait empêché de fonder une quelconque protection des tenures coutumières autochtones, et donc privé les individus autochtones du bénéfice de la terre coutumière, la seule disponible en l'absence de titre individuel délivré par l'État.

C'est donc par le référent pluraliste que passe le déblocage, ou la révolution paradigmatique, qui permet d'en finir avec la hiérarchisation séculaire des cultures juridiques, notamment en matière de droits fondamentaux. Cette étape dans le processus de décolonisation du droit international affranchit l'interprétation de la « propriété » de ses origines occidentales et de son *a priori* individualiste.

Le travail de la CIDH met en relief la convergence possible du pluralisme et de l'universalisme dans le droit international des droits de l'homme. Le fait que tous les humains soient égaux en fait et en droit commande la prise en compte de la situation particulière de chacun. Cette prémisse de la Cour rejoint la théorie qui veut que

> « le pluralisme juridique doit proclamer sa finalité universelle d'égalité et de non-discrimination qui ne peut être effective pour l'individu et les peuples que s'ils peuvent affirmer et faire refléter leur identité différentielle dans l'élaboration du droit international des droits de l'homme[17] ».

16. *Communidad Indigena Sawhoyamaxa* c. *Paraguay*, 29 mars 2006, Série C, n° 146, par. 120
17. Koffi Kumelio A. Afande, « Les enjeux relatifs au pluralisme juridique dans les processus d'élaboration du droit international des droits de l'homme », in *Institut de recherche et de débat sur la gouvernance, La gouvernance en révolution(s)*, Paris, Éditions Charles Léopold Mayer, 2012, p. 289.

L'autre exemple de mobilisation des droits fondamentaux au service des cultures juridiques non occidentales se trouve dans la récente décision de la Cour d'appel de Nouméa dans l'affaire *Saïto*[18], qui fait depuis jurisprudence[19]. La Cour convoque dans cette affaire le droit à la vie privée et familiale énoncé à l'article 8 de la Convention européenne des droits de l'homme pour reconnaître le droit d'une personne ayant depuis toujours fondé sa vie personnelle et familiale sur les normes coutumières de la société kanak, d'accéder formellement au statut personnel kanak. La Cour estime que les valeurs coutumières sont au cœur de la vie familiale et sociale de la personne et que la régularisation de son statut personnel lui évite toute différenciation préjudiciable au sein de la communauté, ce qui lui permet de vivre dans la dignité et le respect, mais aussi de jouir des droits fonciers coutumiers requis pour fonder un foyer familial au sein de la tribu. Les droits fondamentaux servent ici au renforcement des liens coutumiers par le passage au statut personnel particulier comme portail de l'univers juridique kanak.

Le pluralisme juridique ainsi déployé dans l'élaboration des droits de l'homme n'enferme pas l'individu dans une culture juridique et ne le livre pas sans défense à une autorité extra-étatique prédatrice et liberticide. L'individu autochtone n'est pas contraint de se prévaloir de la coutume foncière de son groupe ou de se soumettre à un pouvoir coutumier négateur de sa dignité et de sa liberté. Il peut acquérir un titre de propriété de droit commun ou contester la coutume si elle ne peut s'appliquer sans violer ses droits fondamentaux. De même, le statut personnel kanak n'est imposé à personne, de sorte que l'individu n'est nullement incarcéré dans la tribu. Mais un regard pluriel sur sa dignité et sa liberté comme droits fondamentaux ouvre à

18. Ch. civ., 29 septembre 2011, 11/00045, Demandeur Ministère public – Défendeur Saïto. Voir Pascal Gourdon, « L'accession au statut civil coutumier kanak », *Recueil Dalloz*, n° 42, 2011, p. 2904.

19. *Procureur de la République* c. *Poadae*, Graziella, Cour d'appel de Nouméa, ch. Civile, arrêt du 19 avril 2012, n° 11/00383 ; *Procureur de la République* c. *Poadae*, Karl, Cour d'appel de Nouméa, ch. Civile, arrêt du 19 avril 2012, n° 11/00384.

l'individu la porte à un patrimoine juridique dans lequel il se reconnaît et qui enrichit le sens de son existence.

* * * *

On voit bien que le juge peut jouer un rôle déterminant dans la construction pluraliste d'un droit international ou national des droits fondamentaux. Ne serait-ce que pour cela, cet ouvrage ne peut que se conclure sur le constat de la centralité de la figure du juge dans le dialogue des cultures juridiques. Les systèmes nationaux étudiés dans cet ouvrage ne rendent pas tous possible la mise en valeur optimale du juge comme agent du dialogue, soit parce qu'ils proclament un monisme officiel, soit parce qu'ils n'offrent pas au juge les conditions nécessaires à la suppression des cloisons entre les univers juridiques. Cependant, il incombe aussi au juge lui-même de débusquer les possibilités d'ouverture, d'échange et de dialogue que lui offre le contentieux et de se rapprocher de l'« autre » juridique.

Les auteurs

Guillaume ADREANI : greffier à la Cour de cassation de Paris et chargé de mission à l'AHJUCAF, l'association des cours suprêmes judiciaires francophones.

Simona CRISTEA : maître de conférences à la faculté de droit de l'université de Bucarest. En 2003, elle a obtenu le titre de docteur en droit de l'université de Paris 1 Panthéon-Sorbonne, pour une thèse sur les « *Problèmes juridiques de la fonction publique roumaine. Étude comparée avec la France* » qui lui a valu la mention « Très honorable avec félicitations du jury ». Elle fut alors le premier Roumain à obtenir le grade de docteur en droit de la Sorbonne depuis 70 ans. Elle œuvre dans l'enseignement supérieur juridique depuis 1995 au département de droit public de la faculté de droit de Bucarest. Elle est depuis 2003 magistrate-assistante à la Haute Cour de cassation et de justice où elle dirige le Bureau des relations internationales de la Cour. Elle est également conseiller juridique au ministère de la Justice depuis trois ans. Depuis 2003, elle est le directeur exécutif du Centre de théorie du droit et de nouveaux droits, à la faculté de droit de l'université de Bucarest.

Jean-François GAUDREAULT-DESBIENS : professeur titulaire à la faculté de droit de l'université de Montréal, où il occupe également la Chaire de recherche du Canada sur les identités juridiques et culturelles nord-américaines et comparées. Il s'intéresse principalement à la manière dont le droit appréhende les revendications identitaires, notamment celles inspirées par la religion, et à l'influence qu'ont ces revendications sur la configuration et la pluralisation du droit. Comment se déploient les rapports entre droit(s), cultures et traditions juridiques dans un contexte politico-économique où s'expriment inévitablement des rapports de pouvoir ? Est-ce que ce sont des rapports de convergence, de dialogue, d'interpénétration, de concurrence ou de simple coexistence mâtinée d'ignorance ? Comment modéliser ces rapports ? Jean-François Gaudreault-DesBiens se penche sur de telles questions dans une perspective résolument critique et interdisciplinaire, sollicitant autant le droit constitutionnel et le droit comparé que l'anthropologie, la sociologie et la philosophie politique. Ses d'activités d'enseignement sont concentrées dans les champs du droit constitutionnel, du droit comparé et de la théorie du droit. Il a été professeur invité dans de nombreuses universités étrangères et, avant son arrivée à la faculté de droit de l'université de Montréal en 2006, a été professeur agrégé aux universités McGill et de Toronto. Il est membre des Barreaux du Québec et du Haut-Canada.

Jean-Louis GILLET : diplômé de droit et de science politique, et magistrat de l'ordre judiciaire français depuis 1972. Il est depuis 2007 président de chambre à la Cour de cassation, après avoir exercé des fonctions civiles et pénales, et des fonctions de chef de juridiction dans des tribunaux de grande instance et des cours d'appel de province et d'Île-de-France. Par ailleurs, il a régulièrement dispensé, comme chargé d'enseignement ou comme professeur associé, des cours dans différentes universités françaises, en droit privé et en droit processuel. Il est depuis 2010 secrétaire général de l'Association des hautes juridictions de cassation des pays ayant en partage l'usage du français (AHJUCAF), réseau de la Francophonie.

Patricia HERDT : spécialiste de programme à la Délégation à la paix, à la démocratie et aux droits de l'homme de l'Organisation internationale de la Francophonie (OIF) depuis 2004. Elle a exercé, de 1998 à 2004, les fonctions de chargée de mission au service des relations extérieures du Conseil constitutionnel français. À l'OIF, elle est impliquée dans la mise en œuvre des programmes en faveur de la consolidation de l'État de droit et elle anime le partenariat avec les réseaux institutionnels de la Francophonie qui réunissent les professionnels du droit, de la justice, des droits de l'homme, de la médiation et de la régulation des différents pays francophones.

Fabrice HOURQUEBIE : professeur de droit public à l'université Montesquieu-Bordeaux IV. Il est également directeur adjoint du Centre d'études et de recherches sur les constitutions, les libertés et l'État (CERCCLE) et directeur du Master 2 Contentieux publics. Ses principaux champs de recherche ont trait aux formes de la justice dans l'État ; au statut et à l'office de la justice et des juges en droit comparé et dans l'espace francophone ; à la justice transitionnelle ; et à la légitimité du pouvoir juridictionnel. Parmi ses principaux ouvrages on peut citer : *Code général de la propriété des personnes publiques – Commenté* (co-rédaction, 2012) ; *Les commissions parlementaires dans l'espace francophone : diversité/modèle* (codirection, 2011) ; *Principe de collégialité et cultures judiciaires* (2011) ; *Constitutions, justice et démocratie* (codirection, 2010) ; *Le pouvoir juridictionnel en France* (2010) ; *Sur l'émergence du contre-pouvoir juridictionnel sous la Ve République* (2004). Il est expert constitutionnel et sur les questions de justice auprès de l'Organisation internationale de la Francophonie. Il contribue notamment à ce titre au suivi des réunions internationales dans le champ de la justice et à la rédaction des rapports sur l'État des pratiques de la démocratie des droits et des libertés dans l'espace francophone.

Randa KFOURI : présidente de la Cour d'appel pénale du Mont-Liban, présidente de la Commission contre la dépendance aux stupéfiants et professeur de droit aérien à l'école de magistrature libanaise. Elle a occupé de nombreux postes dans la magistrature libanaise et a enseigné le droit civil, le droit bancaire, la *common law*, le droit aérien et maritime à l'université Saint-Esprit de Kaslik. Elle fut membre du Barreau du Québec.

Jacques D. MAYABA : titulaire d'une maîtrise en droit, il a intégré le corps de la magistrature du Bénin en 1981. Il a occupé les fonctions de président du tribunal (1983-1988), de procureur général par intérim près la Cour d'appel de Cotonou pendant un an, de conseiller technique juridique du président de la République (1991-1996), de conseiller à la Cour d'appel de Cotonou (1996-1997), de conseiller puis vice-président à la Cour constitutionnelle du Bénin (1998-2008) et de président de la chambre judiciaire de la Cour suprême (2009-2012).

Ghislain OTIS : avocat depuis 1984, il détient un PhD en droit de l'université de Cambridge (prix de thèse Yorke). Spécialiste des droits de l'homme et des peuples autochtones, il est professeur à la Section droit civil de la faculté de droit de l'université d'Ottawa, où il est également titulaire de la Chaire de recherche du Canada sur la diversité juridique et les peuples autochtones. Il a écrit et dirigé de nombreux ouvrages et articles scientifiques sur les droits des peuples autochtones, le pluralisme juridique et les droits de l'homme, notamment *Cultures juridiques et gouvernance dans l'espace francophone* (Archives contemporaines, Paris, 2010). Il dirige divers projets de recherche internationaux dont l'action triennale « Nouvelles figures de l'État et légitimation du droit par le dialogue des cultures juridiques », financée par l'Agence universitaire de la francophonie.

Table des matières

ÉDITIONS KARTHALA

Collection *Cahiers d'Anthropologie du droit*

Anthropologie et droit. Intersections et confrontations
Le courage des alternatives
Dire le droit. Rendre la justice
Le droit en action
Droit, gouvernance et développement durable
Foncier et environnement en Afrique. Des acteurs au(x) droit(s)
Juridicités. Témoignages réunis à l'occasion du 40e anniversaire du Laboratoire d'anthropologie juridique de Paris
Les pluralismes juridiques
Pratiques citoyennes de droit
Retour au foncier
Le statut des peuples autochtones. À la croisée des savoirs

Collection ***Recherches internationales***

Adieu aux armes ? (L'), *Nathalie Duclos*
A la recherche de la démocratie. Mélanges offerts à Guy Hermet, *Javier Santiso (dir.)*
Ambedkar !, *Guy Poitevin (en collaboration avec Hema Rairkar)*
Après la crise... Les économies asiatiques face aux défis de la mondialisation, *J.-M. Bouissou, D. Hochraich et Ch. Milelli (dir.)*
Architecture, pouvoir et dissidence au Cameroun, *D. Malaquais*
Atlantique multiracial (L'), *James Cohen, Andrew J. Diamond et Philippe Vervaecke (dir.)*
Aux origines du nationalisme albanais, *Nathalie Clayer*
Chine vers l'économie de marché (La), *Antoine Kernen*
Clubs politiques et perestroïka en Russie, *Carole Sigman*
Démocratie à pas de caméléon (La), *Richard Banégas*
Démocratie et fédéralisme au Mexique (1989-2000), *Magali Modoux*
Démocratie mexicaine en terres indiennes (La), *David Recondo*
État colonial, noblesse et nationalisme à Java, *Romain Bertrand*
Être moderne en Iran, *Fariba Adelkhak*
Faire parti. Trajectoires de la gauche au Mexique, *Hélène Combes*
Fragments d'une guerre inachevée, *Mengin Fr.*
Gouvernance (La). Un concept et ses applications, *Guy Hermet, Ali Kazancigil et Jean-François Prud'homme*
Guerres et sociétés. États et violence après la Guerre froide, *Pierre Hassner et Roland Marchal (dir.)*
Identité en jeux (L'), *Denis-Constant Martin (dir.)*
Indiens et la nation au Mexique (Les), *Paula Lopez Caballero*
Indonésie : la démocratie invisible, *Romain Bertrand*
Internet et politique en Chine, *Séverine Arsène*
Itinéraires aborigènes, *Bastien Bosa*
Mafia, justice et politique en Italie, *Jean-Louis Briquet*
Mairie dans la France coloniale (Une), *Benoît Trépied*
Matière à politique, *Jean-François Bayart et Jean-Pierre Warnier*
Milieux criminels et pouvoir politique, *Jean-Louis Briquet et Gilles Favarel-Garrigues (dir.)*
Penser avec Michel Foucault, *Marie-Christine Granjon*
Politique de Babel (La), *Denis Lacorne et Tony Judt (dir.)*
Régner au Cameroun. Le roi-pot, *Jean-Pierre Warnier*
Sécurité privée en Argentine (La), *Federico Lorenc Valcarce*
Sultanat d'Oman (Le), *Marc Valeri*
Sur la piste des OPNI, *Denis-Constant Martin (dir.)*
Trajectoires chinoises. Taiwan, Hong Kong et Pékin, *F. Mengin*
Vie quotidienne et pouvoir sous le communisme, *Nadège Ragaru et Antonela Capelle-Pogăcean (dir.)*
Voyages du développement, *Jean-François Bayart et Fariba Adelkhak (dir.)*

Composition, mise en page :
Écriture Paco Service
27, rue des Estuaires - 35140 Saint-Hilaire-des-Landes

www.ingramcontent.com/pod-product-compliance
Lightning Source LLC
Chambersburg PA
CBHW071440230926
51846CB00001B/291
* 9 7 8 2 8 1 1 1 0 8 6 4 9 *